CUBA:
A PROPÓSITO
DE LA MUERTE
DE FIDEL
CASTRO RUZ

Olof W. Macdonal

Dedicatoria

"A mi amigo, donde quiera que esté"

"La verdad es hija del tiempo, no de la autoridad…"

FRANCIS BACON

ÍNDICE

Créditos
Dedicatoria – Cita
Prólogo
Capítulo I
- Introducción necesaria.
Capítulo II
- Educación y Comportamiento Cívico.
Capítulo III
- Salud y Alimentación.
Capítulo IV
- Vivienda, Transporte y Servicios Públicos.
Capítulo V
- Cultura y Recreación.
Capítulo VI
- Libertades, Justicia y Derechos.

Capítulo VII
- Empleo, Oportunidades y Remuneración.
Capítulo VIII
- Sociedad Civil, Religión y Migración.
Capítulo IX
- Gestión, Economía y Desarrollo.
Capítulo X
- Otros Actores Políticos. Disidencia.
Capítulo XI
- Una opinión Final.
Capítulo XII
DECLARACIÓN UNIVERSAL DE DERECHOS HUMANOS.

PRÓLOGO

Conocí al Sr. Carlos J. Gutiérrez a finales de la década de los 80, en la hermosa ciudad española de Oviedo. Ambos nos habíamos asentado allí por razones muy dispares, en su caso, había abandonado su hermosa Isla caribeña buscando un mejor proyecto de vida para él y su familia. Habitualmente, solía resumir los fundamentos de tal decisión con una particular expresión: **marché de Cuba por sentido común....**

La afición compartida hacia el futbol, nos permitió iniciar primero, y, consolidar después, una sincera y profunda amistad durante años. Sin embargo, siempre que pienso en ello, casi podría afirmar con toda seguridad, que ésta nunca se habría producido, de no haber contado con el desenfado, la frescura y hasta la osadía   -en el mejor sentido- que imprimen los cubanos a sus relaciones interpersonales, da igual que sea la primera vez que te ven, para ellos es como si te conocieran de toda la vida, este es el caso de mi amigo, quien seguramente, fue uno de los mejores exponentes de esa cubanía. Tal parece que en ellos prima la máxima de suponer que: "eres bueno, hasta que les demuestres lo contrario..."

Debo aclarar en honor a la verdad, que con antelación a mi amistad con este cubano genuino, nunca me había interesado por temas relacionados con Cuba, salvo alguna noticia puntual. Europa tiene sus propios y complejos problemas, claro, de otra índole. Lo cierto es que por muchos años, los europeos que no hemos visitado la Isla, hemos tenido sobre ella una imagen alejada de la realidad, distorsionada en cierto sentido, más bien siempre inclinada hacia uno u otro extremo, según la procedencia de la fuente de información y sus intereses.

Sin embargo, en la misma medida que aumentaba nuestro intercambio sobre otros temas ajenos al deporte y se estrechaba nuestra amistad, este buen hombre –carpintero

6

de profesión- lleno de refranes y expresiones de doble sentido, en las que se apoyaba con frecuencia para representar de la manera más simple las situaciones más complicadas, me iba haciendo partícipe de los aciertos y desdichas vividas por él y por la inmensa mayoría de su pueblo, de todo el proceso acaecido desde la alegría y esperanza que suscitó el triunfo revolucionario del año 1959, hasta que tuvo lugar una progresiva y profunda evolución y su frustración posterior, su desesperanza y tristeza.

Debo señalar que Carlos, pese a disfrutar de una cómoda jubilación junto a sus hijos y nietos -hasta su lamentable fallecimiento- no fue capaz de olvidar, de dejar de sufrir en la distancia, de perder la añoranza por su Isla y los suyos, su pueblo, sus costumbres, sus orígenes. Buscaba toda la información actualizada sobre su Cuba natal con especial avidez, casi con obsesión. Su afirmación de que: **"el cubano puede salir de Cuba; pero Cuba jamás saldrá de él "**, parece cierta en millones de casos.

Un buen día, en medio de nuestras ya acostumbradas tertulias, incluso comentando sobre un tema totalmente ajeno a la Isla -aprovechando una pausa en nuestra conversación- mi amigo me sorprendió con una confesión inesperada. Creo recordar que sus palabras de entonces fueron, más o menos, las siguientes:

-Sabes Macdonal, si yo pudiera me gustaría escribir algo sobre Cuba, sobre lo que se ha vivido allí y la manera en que yo lo veo. He leído recientemente una entrevista entre un oponente al gobierno y un periodista cubano radicado en EEUU y que defiende desde allí el Comunismo en Cuba, y, aunque es legítimo su derecho a hacerlo, creo firmemente que existen sobrados argumentos para demostrarle que un cambio en nuestro sistema político actual es necesario y, que está equivocado. Quizás mis argumentos no cambien su manera de pensar -si es que en realidad siente lo que manifiesta- pero seguramente no podrá decir que son falsos, quizás él no los leerá nunca, ni tan siquiera sé si alguien más se interesaría en leerlos; pero al menos, estaría feliz de haber intentado compartir mis razones, mis puntos de vista con él y con todos los compatriotas que lo deseen. Incluso, aquellas personas que como este periodista, aún mantienen posiciones defensivas en relación al Gobierno establecido en Cuba -tal y como se comporta actualmente- defendiéndole a ultranza, desde condicionamientos tan variados como el miedo, el convencimiento, o la simple conveniencia. A ellos me gustaría exponerles mis razones también, incitarlos e invitarlos a meditar al respecto, al dialogo de cada uno consigo mismo y a establecer las necesarias y, hasta cierto punto, elementales comparaciones y, por qué no, a emitir sus argumentos, quizás, el equivocado sea yo. Creo que un proceso de diálogo real, sincero y abierto en Cuba es, más que necesario y urgente, de supervivencia, la vida es muy corta y no podemos permitirnos perder otros treinta o cuarenta años, sería el mayor de los crímenes contra nosotros mismos y para con las futuras generaciones.

--Sinceramente, nada me hace pensar que el camino actual que sigue el país, sea la senda del éxito, mucho menos de la sostenibilidad y prosperidad que ahora anuncia el General Castro para el pueblo cubano, como la solución final a sus perentorios problemas.

--Estoy convencido, que de no realizarse cambios sustanciales, tendremos más de lo que ya hemos vivido durante demasiado tiempo, e incluso, degenerará, salvo la ocurrencia de un milagro. Creo que nunca podré hacer realidad este sueño, puesto que carezco de conocimientos para realizarlo -dijo, y quedó en silencio, mirándome fijamente a los ojos.
Durante toda su exposición me mantuve en silencio, escuchándole atentamente. En sus palabras, subyacía una profunda emoción. Sólo se me ocurrió

expresarle mi total comprensión y aventurar una opinión de esperanza, comentándole que más temprano que tarde, las cosas podrían cambiar.

Con gusto le habría ofrecido mi apoyo en su empeño; pero, era un reto que creía me sobrepasaba sinceramente. Yo había trabajado en un Banco casi desde el inicio de mi vida laboral y hasta mi jubilación.

Después de su muerte, he continuado al tanto de los cambios ocurridos en la Isla, debatiéndome diariamente con la idea.

Finalmente –como mi mejor homenaje a su memoria, con toda modestia y sencillez- he decidido dar, en su nombre, su póstumo golpe de martillo.

He aquí sus razones para disentir, quizás pueden ser también las suyas…

Olof W. Macdonal

CAPÍTULO I

INTRODUCCION NECESARIA

Al finalizar próximamente el 2016, Cuba habrá alcanzado 58 años de Gobierno Socialista. Varias generaciones de cubanos han nacido y crecido a lo largo de este periodo. Muchos de los nacidos antes del triunfo, bien están jubilados o próximos a ello. Ha transcurrido casi toda una vida, o al menos, lo mejor de las suyas. Muchos sucesos han tenido lugar....cambios profundos, amenazas singulares, sonados fracasos y aciertos importantes, separación entre familiares, sufrimientos, alegrías; pero sobre todo, rectificaciones constantes y, al final, nuevas conceptualizaciones de lo que se quiere ser...nuevas promesas. Tal parece que no se halla el camino, o lo que es peor, que no se ponen de acuerdo sobre cómo buscarlo.

Ante esta realidad, es interesante que hagamos un balance, que sea recapitulada la senda recorrida y, con absoluta honestidad, se responda cada cubano: ¿Qué hemos logrado?, ¿Es nuestro nivel de vida hoy, 58 años después más elevado? ¿Hemos hecho, o estamos haciendo lo correcto por llegar al Estado de Bienestar?, ¿Somos verdaderamente individuos más libres, cultos, educados y solidarios que antes?

Resulta obvio, además de práctico, que para la obtención de conclusiones sobre el comportamiento de casi cualquier tema específico en la vida, tan disímiles como podrían ser la evaluación de una enfermedad, o la solidez y calidad de una construcción, entre muchos otros temas, se recurra a la simple comparativa, definiendo las características que el hecho o aspecto en cuestión, - independientemente de su naturaleza- tiene en el instante inicial deseado y, cuáles presenta al finalizar dicha etapa de evaluación. Obviamente, la información obtenida y su interpretación, nos permitirá extraer las respuestas y conclusiones deseadas.

Aquí podremos enmarcar obviamente, la evaluación del desarrollo económico, político y social logrado por una región o país durante un periodo definido de su historia. Sabiendo cuáles eran las características y condiciones de aquellos aspectos que queremos someter a examen, y, a partir de ese punto inicial, cuáles son al final del periodo. Así podremos establecer con certeza, si hemos avanzado o no. Dicho de otra manera, **simplemente si estamos mejor o peor que antes**, en uno, varios, o todos los aspectos abarcados. Carecería de objeto dicho análisis, si lo concluido no es empleado para corregir el rumbo de los desaciertos o desviaciones, según el caso.

Sin embargo, en innumerables ocasiones, -evitando ser absoluto- cuando este análisis propiamente se realiza por los políticos en el poder -bien hayan sido legítimamente elegidos, o, mucho menos por quienes detentan ese poder- normalmente no resultan todo lo esclarecedores y directos que el pueblo requiere. Usualmente, emplean términos rebuscados, evaden temas espinosos, o dan una versión sesgada de las situaciones. En todo caso, buscan preservarse una imagen positiva, o al menos, no agravar la ya existente. Priman, en mayor o menor grado, sus propias ambiciones y objetivos, anteponiendo éstos, a los verdaderos, necesarios y legítimos intereses de la población. Pareciese en algunos momentos, que se refieren en sus discursos a otra nación, distinta a la que habitamos.

Vale la pena destacar entonces, la importancia de los medios de información, cuando éstos son libres, plurales y profesionales, comprometidos con la veracidad de lo informado. Por tanto, respetables. Ello posibilita al ciudadano el debate e intercambio necesario, constante y enriquecedor sobre cualquier tema que le concierna, de manera que pueda ejercer la crítica y exigir sus derechos, incluso, mediante la elección libre de sus gobernantes. Todo poder absoluto corrompe   -repetimos sin cesar- con lo cual, parece lógico e imprescindible que exista, ante este supuesto, un contrapeso de equilibrio en la sociedad. ¿Cree que esta afirmación sería una cuestión de sentido común, o no? El propio Fidel Castro, en su defensa durante el juicio por el asalto al Moncada, manifestó: "**....En segundo lugar, el artículo habla de Poderes, es decir, plural, no singular, porque está considerado el caso de una República regida por un Poder Legislativo, un Poder Ejecutivo y un Poder Judicial, que se equilibran y contrapesan unos a otros....**"

Parece útil, antes de abordar propiamente el comportamiento de cada aspecto escogido en el análisis   -durante la etapa que nos ocupa- situarnos en lo que a todas luces constituye la esencia, y, desde donde se sustentan -al menos teóricamente- todas las decisiones en el campo de la economía y la sociedad, es decir, el sistema político-ideológico del Gobierno cubano: el Socialismo. Sistema antagónico -según sus padres teóricos- al Capitalismo y presentado como su inequívoco sustituto, enviándolo al basurero de la Historia.

El Socialismo, al triunfar la Revolución encabezada por Fidel Castro, gozaba, al menos en apariencia, de una excelente salud en Europa del Este y la Unión Soviética de entonces, constituyendo sus máximos exponentes.

Brevemente, sólo para situarnos en relación a sus principios y bondades teóricas, de manera extremadamente sintetizada; pero que ilustra debidamente sus fundamentos básicos, se expone a continuación el concepto reconocido de socialismo y su evolución hasta la actualidad.

Socialismo: Con independencia de los cambios ocurridos en su formulación, de origen, su principio se basa en aquel sistema de organización económico y social, donde los medios de producción son parte del patrimonio colectivo, administrado por el mismo pueblo, sin la división clásica de dueños y empleados. Sus objetivos principales son la justa repartición de los bienes generados, -entiéndase riquezas, o su expresión en mejores y más justas políticas sociales- siempre a partir de una organización centralizada y planificada de la economía. Para ello plantea la eliminación de la propiedad privada y la extinción de las clases sociales. Todos somos iguales. No hay ricos ni pobres. El ser humano alcanza un grado de satisfacción material y espiritual superior. Visto así, sería excelente.... ¿no?

Este Sistema, presupone delegar todo el poder en un sólo Partido, devenido en representante absoluto de las masas, en este caso el Socialista o Comunista, siendo el encargado de dirigir todas las esferas del quehacer nacional, particularmente, lo relativo al desempeño de la economía, de manera que ésta adquiere un carácter político, lo que presupone la anulación de las leyes económicas que regulan el mercado -tal y como se conoce- y sus mecanismos inherentes. El Estado decide, ejecuta y controla todo. Por lo que, resulta obvio aceptar, que será el responsable de los resultados obtenidos. De igual manera, al ser vitalicio su mandato, él decide donde se equivoca, que rectificación ha de hacerse, cómo y cuándo. Las masas obedecen. No creo a nadie en su sano juicio, que cuestione esta afirmación. Entre 1989 y 1991 como es sobradamente conocido, se produce la desaparición del llamado Socialismo Real en Europa del Este y la URSS. No es el objetivo analizar aquí las causas, se ha escrito mucho al respecto por respetados autores. Simplemente comparto las interrogantes que me asaltan ante el hecho: ¿Cómo es posible que los pueblos de tantos países fueron capaces de renunciar al supuesto bienestar, la equidad, la justicia y demás bondades del sistema sin oponer la más mínima resistencia?, ¿Estaban realmente convencidos de tal doctrina los millones de militantes del Partido Comunista y sus dirigentes a todos los niveles cuando tampoco elevaron sus voces?, ¿Cómo se prestó el **"heroico pueblo alemán"** para demoler el muro de Berlín?, ¿Cómo explicar que el Ejército que derrotó al nazismo no fue capaz de preservar el Socialismo?, y por último: ¿Se mantenía este sistema político por imposición, o verdadera voluntad de esos pueblos?

En 1996, transcurridos unos años del derrumbe, aparece un nuevo concepto sobre el Socialismo, de la mano del alemán, Heinz Dieterich Steffan, sociólogo y analista político. La nueva teoría actualizada, es asumida en 2005 por el extinto presidente de Venezuela Hugo Chávez. En síntesis, se basa en las mismas dinámicas de Karl Marx sobre la lucha de clases, con enfoques renovados como consecuencia de la fracasada experiencia anterior. Este mismo señor -que fuera asesor de Chávez- declaró años después refiriéndose al gobierno Bolivariano lo siguiente: "**Este es uno de los gobiernos más ineptos que ha habido en la historia de América Latina, porque ha tenido todas las condiciones objetivas para construir algo, pero no ha podido hacer nada**".

En la actualidad, Venezuela, Nicaragua, Ecuador y Bolivia, son los países que defienden las ideas del denominado como **Socialismo de Siglo XXI.**

Sólo un par de apuntes al respecto de lo anterior. Es, al menos llamativo, que los presidentes de estas naciones, intenten de una u otra forma, adaptar sus respectivas Constituciones para mantenerse por largos períodos en el poder. Característica común es también el empeño de sus gobernantes en silenciar lo más posible la prensa, acusándola de toda suerte de desmanes. Por otra parte, cada uno tiene su propia interpretación de cómo desarrollar el experimento social. ¿Será acaso que fueron elegidos por algún ser supremo para gobernar, o es inherente a todo tipo de Socialismo? Finalmente, el caso de Venezuela y su descomunal fracaso, aún siendo uno de los países más ricos de la región, es digno del más exhaustivo análisis particularizado. ¿Será real la guerra económica anunciada por Maduro y ésta es la que provoca la delincuencia, la ineficiencia extrema e incluso el narcotráfico ¿Es sólo con Venezuela la Guerra Económica y no con el resto de ellos?, ¿Podrán negar la existencia de estos males los miles de cubanos que han permanecido en este país?

Actualmente, en el contexto mundial, además de los países antes descritos de América Latina y el Caribe, encontramos países considerados comunistas -con sistema de partido único- en China desde 1949, Corea del Norte desde 1945, Laos desde 1975 y Viet Nam desde 1976, como sus máximos exponentes.

En los casos de China, Viet Nam y Laos, desarrollan una Economía de Mercado, siendo este último, el de menores libertades económicas.

Corea del Norte, país autodenominado socialista también, donde el poder se transmite como una herencia divina de padres a hijos, vale la pena reflexionar sólo con algunos ejemplos sobre las especiales características de su Socialismo. En primer lugar, en el país no estamos en 2016, sino en el año 105, puesto que aquí no cuentan los años a partir del nacimiento de Jesús   -universalmente aceptado

15

en países laicos o no- sino del gran líder y fundador de la República, Kim il- Sung. Además, según su biografía, el nacimiento de Kim padre, se produjo bajo un doble arcoíris que daría pie a la creación de una nueva estrella para conmemorar tan señalada fecha. En las pasadas elecciones locales efectuadas en 2015 para seleccionar las autoridades a estas instancias, se presentaba un sólo partido con el candidato escogido por éste. El voto es obligatorio; pero no secreto, aquel que no acuda a las urnas estará en serios problemas. El gran líder en la última elección de 2014, fue electo con el 100 % de los votos a su favor. No había más candidatos. ¿Cómo valora usted tan elevada democracia socialista? Bueno, ellos aclaran que tienen su propio concepto sobre la democracia –como Cuba- y no tiene porque coincidir con los imperialistas y explotadores. ¿Se entiende no...?

Por el tamaño de su población, la importancia y crecimiento de su economía, China es, sin dudas, el exponente más significativo del desarrollo alcanzado con la aplicación de lo que ellos llaman: **Economía de Mercado Socialista**. Es célebre la frase que se asocia a Deng Xiaoping al manifestar que: **"¡Enriquecerse es glorioso!"**. Sin embargo, paralelamente al sistema económico mencionado, todos mantienen fortísimas restricciones a las libertades básicas y derechos.

Existen otros países con presencia de partidos socialistas, como España o Chile -por citar dos ejemplos cercanos- en ambos casos, se defiende la Economía de Mercado y el Estado de Derecho.
Resulta muy significativo, que en cada uno de los países o partidos socialistas enumerados, el socialismo y su aplicación sea también diferente, fundamentalmente lo relativo a la economía. Es conocida la afirmación en los Manuales del Socialismo, que cada país adaptará su

implementación a las condiciones existentes en éste; pero....¿no será otra la causa de tales diferencias y esto es sólo una excusa perfecta?, ¿cómo es que supuestamente bajo la misma teoría, unos logran desarrollar riqueza, saliendo del atraso en que estaban sumidos sus pueblos, mientras Cuba no sale nunca de sus carencias?, ¿Cuál es su maldición y, qué podrían hacer para evitarla?

Especial interés cobra la figura del líder en este Sistema Político, su papel como guía y rector, le permite decidir todo lo verdaderamente importante. Mientras mayor sea el prestigio y ascendencia de éste dentro de sus colaboradores, mayor será su cuota de poder. Quedando pues en sus manos, el destino del país y el de sus disciplinados habitantes. Así encontramos acuñados términos tan rimbombantes como: Líder Supremo, Comandante Eterno, Comandante Invicto, entre otros. Esto no es ficción, es una dolorosa realidad. Estos seres supremos, consultan con sus colaboradores lo que quieren y cuando quieren; pero finalmente, se hará su voluntad. No creo que nadie se atreva a cuestionar esta evidencia y, mucho menos en Cuba, que ha hecho gala de un voluntarismo absoluto.

He aquí, la razón real, del porque en cada país socialista, se desarrolla una política diferente, puesto que cada "máximo líder", aplica la receta a su propia hechura y estilo, predominando su voluntad. Es su receta personal.

Cabría preguntarse: ¿Qué derroteros habría seguido China de no haber aparecido las reformas de Deng Xiaoping y la Economía de Mercado Socialista?, ¿Habría logrado este país el desarrollo económico actual de continuar aplicando las viejas teorías marxistas?

Opuestamente al sistema Comunista, el Capitalismo se define como aquel Sistema Económico-Social, basado en la propiedad privada sobre los medios de producción, partiendo de la importancia del capital como generador riqueza. Sistema de libre mercado y elevada iniciativa privada. Sabido es, que además de riquezas, crea también pobreza extrema y grandes desigualdades, dependiendo esto en gran medida, al papel desempeñado por los Gobiernos como entes reguladores.

Existen diferentes clases sociales, básicamente estructuradas según sus niveles de enriquecimiento. Corresponde al Estado, mediante las leyes, lograr una mayor justicia social, protegiendo los más desfavorecidos y garantizando la igualdad de oportunidades para todos. El más inteligente, más trabajador y esforzado, como norma, debe tener un nivel de vida superior a quien no lo es, así de sencillo y sensato. No somos iguales. Un importante papel corresponde a las políticas impositivas de recaudación y/o a las **Empresas Estatales Eficientes** -según el caso- que permita ingresar a las arcas públicas el financiamiento necesario para desarrollar las políticas sociales. El pueblo ejerce su soberanía, escogiendo sus representantes en todas las instancias de Gobierno -incluido el Presidente- mediante el voto secreto e individual, por un periodo determinado.

Parece de sentido común, que podamos sustituir a quienes ejecuten políticas fallidas y no desempeñen bien su trabajo, ¿no lo cree Ud. así? Sería aplicar el mismo principio por el que es sustituido el Director de una Empresa Socialista, cuya gestión y resultados no sean los adecuados. ¿Qué diferencia hay entonces entre éste y el Presidente del Gobierno o Primer Secretario del Partido Comunista?, ¿Por qué el gobernante no puede ser revocado por el pueblo aún demostrando manifiesta incompetencia durante décadas?, ¿Cree entonces que sería una dictadura?, ¿Acaso la del Proletariado?

He considerado útil la enunciación resumida de los conceptos anteriores sobre uno u otro sistema -aunque sean sobradamente conocidos- así como la formulación de ciertas interrogantes, en interés de subrayar, primero, la caracterización y diferencias mínimas elementales entre ambos, situando así, el contexto exterior básico de los patrones socio-políticos fundamentales al inicio de la Revolución Cubana y los vaivenes del Socialismo hasta la actualidad. En segundo lugar, recabar el razonamiento y respuestas del lector mediante las interpelaciones expuestas a su consideración sobre ello.

A partir de aquí, teniendo como referentes las premisas enumeradas y las estadísticas existentes -tanto del propio país como de organismos internacionales- abordaremos cada uno de los aspectos de nuestro análisis, centrándolo fundamentalmente, en aquellas cuestiones que en verdad importan a los ciudadanos de cualquier población del mundo -Cuba incluida obviamente- y que constituyen sus necesidades y prioridades, a través de las cuales, el ciudadano percibe la calidad de su nivel de vida y su grado de satisfacción en la sociedad donde vive.

Destacan por tanto: la alimentación, la salud, el acceso y calidad de la educación y el comportamiento cívico de la ciudadanía, la vivienda, el transporte, la paz y seguridad ciudadana, la justicia y el respeto a los derechos, el ocio y la cultura, las libertades individuales, la información, la cantidad, calidad y remuneración del empleo, así como la existencia de oportunidades reales de desarrollo personal. Además, la independencia individual y nacional, la calidad de los servicios públicos y el nivel de corrupción y eficacia del Estado en su gestión en general y en lo referente a la economía y desarrollo entre otras. El propio socialismo en su teoría, aborda el tema de: **"...las necesidades siempre crecientes del hombre..."** por lo que éstas, han de tener una respuesta adecuada en todos y cada uno de los tópicos mencionados, debiendo ser por tanto, el objetivo irrenunciable de todo Estado Socialista, para ser consecuente con sus propios principios y no quedar anclado en el pasado y el inmovilismo.

No he hecho mención deliberadamente en la relación anterior -aunque claramente constituye un derecho de cada persona- su participación en la vida política nacional y, aunque lo abordaremos en su momento, me ha parecido apropiada una referencia particular al respecto. Parece de sentido común, que esta decisión sea a voluntad de cada quien, en modo alguno como obligatoriedad impuesta por el Estado y, mucho menos, como condición imprescindible para según qué cuestiones. No parece lógico, que para ser un buen ciudadano y disfrutar de las máximas oportunidades de desarrollo personal y participación colectiva, se tenga necesidad de mostrar filiación a partido político alguno, ni tan siquiera tener definida una clara vocación ideológica. En todo caso, es un derecho individual elegible a voluntad, exactamente igual que quien sí lo desee. ¿Está Ud. de acuerdo?, ¿Le parece justo que así sea? Si me lo permite amigo lector, le invito a pensar detenidamente las razones por las que no estaría de acuerdo y, por consiguiente, ¿qué beneficios considera proporcionan la renuncia personal y colectiva a este derecho?

Indudablemente, el 1 de Enero de 1959 fue, además de un cambio necesario, deseado e imprescindible, un salto en la Historia de Cuba. Se ponía fin así, a una de las dictaduras más odiadas, sanguinarias, corruptas y entreguistas de

América. Como se conoce, las condiciones de vida de muchísimos cubanos eran precarias, fundamentalmente en el campo, donde cerca del 60 % vivía en barracones con techo de guano y piso de tierra, desprovistos de sanitarios o de agua corriente. Casi un 90% no tenían electricidad. El 43% de los campesinos eran analfabetos. Víctimas de enfermedades parasitarias y no se beneficiaban de un servicio de salud público debidamente estructurado. Una importante proporción de la población urbana también vivía en condiciones difíciles. La corrupción era rampante.

En palabras del propio Presidente John F. Kennedy, al referirse a la situación de la Cuba de entonces dijo: **"Pienso que no hay un país en el mundo, incluso los países bajo dominio colonial, donde la colonización económica, la humillación y la explotación fueron peores que las que hubo en Cuba, debido a la política de mi país, durante el régimen de Batista."**

En el instante preciso del triunfo, el movimiento revolucionario contaba casi con el 100 % de la simpatía popular; no solo era apoyado por los más desfavorecidos, sino por un importante sector de la Iglesia y una buena parte de la burguesía nacional de entonces. Un sentimiento de nueva y fortalecida esperanza, vibraba en la población cubana.

En mayo del propio año 1959, Fidel definía a la revolución como: **"ni capitalista ni comunista"**, pues si se debía optar entre **"el capitalismo que hambrea al pueblo, y el comunismo que resuelve el problema económico; pero suprime las libertades (...) nuestra revolución no es roja, sino verde oliva, el color del ejército rebelde que surgió del corazón de Sierra Maestra"**. El 24 de Abril del propio año, aseguraba en Nueva York: ..."**Ni dictadura personal, ni dictadura de clase, ni dictadura de grupo, ni** dictadura de casta ni oligarquía de clase: gobierno del pueblo sin dictadura y sin oligarquía, libertad y pan sin terror: eso es el humanismo"…. (Tomado en Philippe Létrilliart, Cuba. L'Eglise et la Revolution, L'Harmattan, 2005, p.176). Como se ha comprobado fehacientemente, el Comunismo sí suprime las libertades tal como dijo Fidel; pero lejos de resolver el problema económico como decía, lo agrava hasta límites insospechables. Tanto que se derrumbó.

Vale la pena señalar que seis años antes, en su defensa durante el juicio por el asalto al Moncada, había afirmado:

…"**La primera condición de la sinceridad y de la buena fe en un propósito, es hacer precisamente lo que nadie hace, es decir, hablar con entera claridad y sin miedo. Los demagogos y los políticos de profesión quieren obrar el milagro de estar bien en todo y con todos, engañando necesariamente a todos en todo. Los revolucionarios han de proclamar sus ideas valientemente, definir sus principios y expresar sus intenciones para que nadie se engañe, ni amigos ni enemigos**".

Cabría preguntarse entonces: ¿Acaso el abrazo posterior al Socialismo fue producto de la actitud norteamericana para con la incipiente Revolución, por las medidas adoptadas por ésta o, mintió deliberadamente antes?, ¿Qué poderosa razón le hizo variar diametralmente sus afirmaciones anteriores? Lo cierto es que el 16 de abril de 1961, el pueblo cubano y el mundo, recibirían, de boca del propio Fidel Castro, la definición del carácter Socialista de la Revolución. Más tarde, se sabría que muchos de los principales dirigentes del movimiento 26 de Julio, devenidos en jefes guerrilleros, simpatizaban con la ideología marxista.

Tan temprano como en el mismo año 59, se promulgaron las primeras leyes revolucionarias, entre las que se encontraban la de Reforma Agraria, con la consiguiente expropiación de tierras y afectación directa a intereses norteamericanos. A partir de aquí, se fueron degradando progresivamente las relaciones entre ambas naciones, hasta la ruptura total en Enero de 1961, cuando el Gobierno de EEUU, rompió unilateralmente las relaciones con Cuba. Previamente, en Octubre de 1960, Washington prohibió las exportaciones a Cuba, iniciando el embargo que posteriormente sería ampliado y fortalecido. Para estas fechas, una buena parte de las clases económicamente mejor situadas en el país, habían marchado o estaban a punto de hacerlo hacia EEUU, lo que resultaba hasta cierto punto obvio, puesto que habían perdido sus fortunas y/o propiedades; pero sin embargo, es significativo que ya entonces, personas humildes -incluso del campo- mostraron sus reservas para con el futuro, una vez declarado el derrotero socialista del país.

Todo lo acontecido desde el triunfo y, especialmente a partir de Playa Girón, sin dudas que lograron profundizar un sentimiento de soberanía nacional y afianzaron el anti imperialismo en la población cubana de aquel momento, muy a tono con el propio pensamiento de Fidel Castro, quien se había referido a ello en carta a Celia Sánchez el 5 de Agosto de 1958, entonces escribió: ...."**me he jurado que los americanos van a pagar bien caro lo que están haciendo. Cuando esta guerra se acabe, empezará para mí una mucho más larga y grande: la guerra que voy a echar contra ellos. Me doy cuenta que ese va a ser mi destino verdadero.**" Me pregunto: ¿Con la ruptura de relaciones y el posterior embargo-bloqueo, no proporcionó EEUU la excusa futura perfecta, para ser empleada según conveniencia del Estado cubano, con independencia de sus reales efectos?

Lo cierto es que por aquel entonces, **Cuba se** convertía en un ejemplo a seguir para muchos sectores populares del Continente y comenzaba su andadura por la etapa más prolongada de un gobierno en la historia de la República, el Socialista y, con él, la construcción del pretendido **"Hombre Nuevo"**. Su líder,   -odiado y querido casi por igual- era uno de los políticos más brillantes y carismáticos del siglo XX; pero también, sobradamente personalista, de ideas fijas y voluntarismo absoluto, incluso en muchas ocasiones por encima de toda lógica elemental y del criterio de sus colaboradores más cercanos.

CAPÍTULO II

EDUCACIÓ Y COMPORTAMIENTO CÍVICO

Uno de los principales aspectos que evidencian las políticas de equidad y justicia de un Estado, es su empeño en garantizar una correcta educación para sus respectivos pueblos. La que ha de tener por imperativo, un componente mayoritario de gratuidad, financiado por el propio Estado, al alcance de los más humildes y con menos recursos, garantizando así, el principio básico de igualdad de oportunidades, no de igualitarismo. Es decir, enseñanza gratuita y universal para todos. La llamada, Escuela Pública.

Con la campaña de alfabetización -a cuyo término se declaro el país libre de analfabetos- se ejecutó una de las más necesarias y justas acciones en este sentido. Loable sin lugar a dudas. Desde entonces, se ha mantenido la política educativa como una de las máximas prioridades del Gobierno, exponiéndose con énfasis, como una de las conquistas fundamentales del Socialismo en Cuba. Lo cual es, sin lugar a dudas en sentido general, absolutamente cierto.

Paralelamente, la Revolución eliminó todas las formas de enseñanza privada y escuelas religiosas.

Con la creación del Instituto de Deportes Educación Física y Recreación, se logró el acceso masivo a la práctica del deporte, poniéndose en marcha un estructurado programa para su desarrollo, y, que abarca, desde las Escuelas de Iniciación Deportiva, hasta los Centros de Alto Rendimiento, donde son seleccionados los atletas para competiciones nacionales o internacionales.

Sobre la base de un millonario gasto y una dedicación plena al deporte de los atletas cuyo rendimiento ha sido, o es relevante, la Isla obtuvo durante varios años, un desarrollo comparado a naciones del primer mundo, logrando significativos éxitos internacionales. Sin embargo, con la caída del subsidio soviético -como casi todo- el deporte ha sufrido también su embate. Han pasado de, aborrecer el profesionalismo, hasta abrazarlo y autorizarlo. La fuga de atletas hacia otros países, buscando un desarrollo y una remuneración acorde a sus posibilidades, se ha convertido en una constante. Están por verse las consecuencias del escándalo provocado por el equipo de Vóley en Finlandia, cuando varios de sus integrantes han sido acusados de violación.

La situación cubana a comienzos de año 1959 -como se ha mencionado- con una gran parte de su población analfabeta y miles de niños sin escolarizar, era deficiente, no tolerable. Sin embargo, aún siendo así, Cuba no figuraba como uno de los países más atrasados del Continente en este sentido. El presupuesto dedicado a la educación era el más elevado de América Latina -aproximadamente un 23%- significando además, que todos sus maestros y profesores eran diplomados, con una elevada calidad y profesionalidad. Para una población de casi seis millones seiscientos treinta y un mil habitantes, existían tres universidades públicas, con unos veinte mil alumnos y tres privadas. El índice de 3.8 universitarios/1000 habitantes, rebasaba la media de Latinoamérica que era de 2.6, ocupando el quinto lugar en el Continente. El porcentaje femenino en relación al total de estudiantes era el más alto del hemisferio occidental, incluyendo a EEUU. Cuba tenía el 45 %. Además de las Escuelas de Magisterio, se contaba también con Escuelas de Comercio, Artes y Oficios, Escuelas de enseñanza Técnicas Industriales, Tecnológicas, Bellas Artes, Periodismo, Aeronáutica, Instituto Nacional de Educación Física, entre otras . En total, contando las universidades, habría alrededor de unas 900 escuelas privadas en el país.

En 1960, Cuba se situaba en el cuarto lugar en educación en América Latina. Dice el refrán que mal de muchos, consuelo de tontos; pero no son despreciables los datos, teniendo en cuenta el gobierno existente en ese momento y la época histórica de la que hablamos. El mundo de casi 60 años atrás.

Con independencia de los avances de que hoy goza el sistema educativo cubano, por su diversificación y estructura en referencia al año 59, **"el experimento de la Revolución"** -como lo ha calificado el cantautor Silvio Rodríguez en una entrevista reciente difundida por la cadena alemana Deutsche Welle- comenzó precisamente por su Sistema Educativo, intentando formar -desde la primaria- **El Hombre Nuevo.** Para ello desarrolló la más gigantesca campaña de ideologización y adoctrinamiento, nunca antes conocida en Cuba y que mantiene en la actualidad. Rayando casi el fanatismo. ¿Es necesario que los niños repitan: Pioneros por el Comunismo seremos como el Che cada día?, ¿Saben verdaderamente estos pequeños quién era y qué hizo el Che?, ¿Saben acaso lo que es Comunismo?, ¿Está el Estado condicionando su opinión, o lo que es lo mismo, les están manipulando desde tan temprana edad?, ¿Tiene ese derecho por garantizarles la educación gratuita.

En gran medida, se sustituyeron poco a poco los valores tradicionales -reconocidos universalmente- como la moral, la ética, libertad, respeto y dignidad humana, por la interpretación, explicación y aplicación de éstos según los principios marxistas y leninistas. Con ello se fueron reduciendo sistemáticamente, las posibilidades del alumnado de aprender a investigar, evaluar y comparar por sí mismos la historia y la vida. En resumen, todo encaminado a eliminar la posibilidad de formarse una opinión diferente a la oficial, de tener criterio propio. Todos los derechos, quedarían igualmente circunscritos indirectamente a la ideología, si estás a favor ningún problema, si no la apoyas te señalas y afrontas las consecuencias. De esta manera, como efecto colateral, también se comienza a cimentar la doble moral: pienso una cosa, sin embargo... digo lo que me conviene. Sinceridad y honestidad cero. Así de sencillo. Un nuevo valor para un hombre nuevo. ¿Existe aún alguna duda sobre -"la normal"- doble moral en Cuba? Con las llamadas "Escuelas en el Campo" a principios de la década del 70, se inicia un proceso progresivo para llevar la enseñanza secundaria de las ciudades a los campos - después extendida a otros niveles y tipos de enseñanza- con dos objetivos básicos, primero: la aplicación del estudio y el trabajo lograría —en teoría- una mejor formación del estudiante al combinar ambos efectos y, en segundo lugar, sustentar con la producción obtenida, al menos parte de los costes para el mantenimiento de tal sistema. Vale la pena traer a colación por su expresividad, una publicación de 1974 titulada: "La Escuela Sec. Básica en el Campo: una innovación educativa en Cuba" (firmada por Max Figueroa, Abel Prieto y Raúl Gutiérrez) Aquí se enuncian sus principios básicos, cito textualmente:

"EL principio de la educación en la colectividad. La práctica social es factor trascendente en la formación de la conciencia social. La Escuela Secundaria Básica en el Campo crea condiciones para que los alumnos participen constantemente en distintas formas de actividad colectiva. Van al campo organizados en brigadas de trabajo; participan en las actividades de autoservicio constituidos en equipos; evalúan el estudio y el trabajo en las asambleas y plenos; se integran en equipos deportivos o grupos artísticos; se constituyen en la Federación de Estudiantes, en fin, se esfuerzan de continuo en el cumplimiento de tareas comunes. Se aspira a que en las condiciones de estas escuelas se

desarrolle un gran espíritu de confraternidad, una mentalidad colectivista, donde el individualismo y el egoísmo se combatan sistemáticamente", mediante "el principio de la combinación del estudio con el trabajo¨. En estas escuelas se adquieren los hábitos de trabajo como el deber más natural y elemental de todo ciudadano. La Escuela Secundaria Básica en el Campo responde a las concepciones del pensamiento marxista y martiano, que concibe la formación del hombre vinculada al trabajo productivo y en estos centros se ofrecen las condiciones óptimas para combinar la educación, el estudio y el trabajo. Uno de los ideales de la sociedad comunista es la desaparición de las diferencias entre el trabajo manual y el intelectual. La educación en el viejo estilo del estudiante becado promueve un estudiante desequilibrado, un intelectual puro, un individuo enajenado, tal como se educaban los hijos de los burgueses en el pasado. Además, cuando se educan a los hijos de los trabajadores como se educaban en nuestro país a los hijos de los burgueses, se corre el riesgo de perder los mejores hábitos y virtudes de la clase obrera, generados principalmente en la lucha de clase."

Resulta manifiestamente expresada aquí, la intención de continuar con el adoctrinamiento de la juventud, ese es uno de los importantísimos objetivos que se persigue. Es una tarea de máxima prioridad, aún no contando, a priori, con el presupuesto necesario para semejante desembolso. Simplemente los sueños-experimentos, eran financiados por la llamada "Solidaridad Internacional". Por la generosa URRS de entonces. Evidentemente, nadie en su sano juicio, realizaría semejante inversión con un capital ajeno, sin garantías propias. No parece sensato que ningún país que se respete, se proponga erigir eternamente su desarrollo sobre la base de lo que te regalan. ¿Se tenía en cuenta la economía del país para estos y otros planes?

En 1991, -ya derrumbado el socialismo- se exhibía una caricatura en una importante avenida de Moscú que satirizaba la Solidaridad Internacionalista. Se trataba de una vaca escuálida, en sus costillas se podía leer: **"URSS"** y bajo lo que quedaba de su maltrecha ubre, en perfecta alineación, se amontonaban hasta el infinito cubos para colectar la leche, cada cubito tenía el nombres de uno de los países socialistas integrados en el CAME. En el primero de ellos se podía leer: Cuba. Es de sentido común, que por bueno que sea mi vecino, no mantendrá mi familia eternamente. Pero si alguien lo pensó, la vida se ha encargado de responderle, varias veces.

Lo verdaderamente loable y meritorio, habría sido realizar tamaña mejora en la educación con esfuerzo y recursos propios. Recursos con los que seguramente no contaba el país en 1958, con independencia de lo mucho que robaran sus gobernantes de entonces a las arcas públicas.

Sin duda las idea de propiciar y fomentar los valores de solidaridad contra todo egoísmo malsano, etc., son correctas; pero para ello, no necesariamente han de concentrarse los estudiantes y mucho menos obligarles a trabajar y estudiar simultáneamente. Si de verdad se desea una calidad y aprovechamiento óptimo del contenido impartido, -sin objetivos ideológicos- es menester que el estudiante disponga del máximo tiempo posible para estudiar, descansar adecuadamente y alimentarse de manera correcta, disponiendo del mejor entorno posible, es decir, su hogar, sobre todo en edades de niñez y adolescencia. Durante la etapa de estudiante, parece lo más lógico que éste centre todo su esfuerzos sólo en ello, porque definirá su futuro y su vida para siempre. Mientras más lejos logre llegar en sus estudios, evidentemente mejor será su futuro.

Ninguna voz llamó la atención sobre las experiencias y la calidad que había obtenido la educación cubana previa a estas novedosas ideas, con independencia de sus insuficiencias. En todo caso, era la decisión del líder.

Al separar los adolescentes de sus familias -cuando normalmente a esa edad es cuanto mayor se necesita del hogar- se maximiza el papel de adoctrinamiento del Estado, minimizando la influencia del entorno hogareño. Hay que ganar a toda costa la mente y la voluntad de los jóvenes. En mi modesta opinión, este fue otro paso más hacia la degeneración progresiva de la Sociedad Cubana, opuestamente a lo deseado.

En total, fueron construidas más de 500 Escuelas en el Campo, los gastos de materiales de construcción e infraestructuras de transporte, alimentación, etc. fueron cuantiosísimos. Casi veinte años después, habían desaparecido casi por completo, habiéndose producido el proceso inverso. Un fracaso rotundo. Se acabó la URRS y se acabó el sueño-experimento del gigante de pies de barro. ¿Cuánto podrían haberse mejorado las escuelas de las ciudades con ese presupuesto? Cabría preguntarse: ¿Tuvo alguna influencia real en la vida de aquellos estudiantes que les hizo mejores y más preparados?, ¿Se formó el Hombre Nuevo?, ¿Los alumnos de las actuales escuelas en las ciudades son acaso desequilibrados por no estar en el Campo?, ¿Están enajenados por ello?, ¿Cómo explicar que muchísimos hijos de altos jefes militares, del Partido y de las altas esferas de Poder están hoy en el exilio?, ¿No tienen acaso esos padres los argumentos suficientes para retener a sus propios hijos en la Sociedad Socialista del Hombre Nuevo, incluso teniendo un nivel de vida muy superior al pueblo?. La respuesta es muy sencilla, simplemente no vale sólo con decir que esto es bueno o mejor que aquello, hay que demostrarlo con hechos. Así somos somos los seres humanos. Una imagen vale más que mil palabras. La única libertad que no se nos puede quitar es la de pensamiento.

La Educación, pese a los ingentes esfuerzos del Estado Cubano, no ha estado a salvo del deterioro progresivo de la economía y la vida nacional, ni a la propia degeneración de sus alumnos y profesores, producida por una profunda frustración, más pendientes de solucionar problemas de subsistencia que de educar o ser educados. Poco a poco, se ha ido elevando el éxodo de maestros, bien por los bajos salarios, bien por jubilaciones, bien porque se cansan de las exigencias cuando cuentan con reducidos recursos y prefieren aventurarse en otras ramas, o, simplemente, porque marchan del país. Casi cada año -de un tiempo a esta parte- se convierte en una pesadilla poder completar las plantillas necesarias. No es ocioso, ante esta situación, recordar lo que el propio Fidel Castro decía en su alegato de defensa durante el juicio del Moncada: ..."**Pero el alma de la enseñanza es el maestro y a los educadores en Cuba, se les paga miserablemente, no hay, sin embargo, ser más enamorado de su vocación que el maestro cubano. ¿Quién no aprendió sus primeras letras en una escuelita pública? Basta ya de estar pagando con limosnas a los hombres y mujeres que tienen en sus manos la misión más sagrada del mundo de hoy y del mañana, que es enseñar. Ningún maestro debe ganar menos de 200 pesos, como ningún profesor de segunda enseñanza debe ganar menos de trescientos cincuenta, si queremos que se dediquen enteramente en su elevada misión, sin tener que vivir asediados por toda clase de mezquinas privaciones. Debe concedérseles además a los maestros que desempeñen su función en el campo, el uso gratuito de los medios de transporte y a todos, cada cinco años por lo menos, un receso en sus tareas de seis meses con sueldo, para que puedan asistir a cursos especiales en el País o en el extranjero, poniéndose al día en los últimos conocimientos pedagógicos y mejorando constantemente sus programas y sistemas. ¿De dónde** sacar el dinero necesario? **Cuando no se lo roben, cuando no haya funcionarios venales que se dejen sobornar por las grandes empresas con detrimento del fisco, cuando los inmensos recursos de la nación estén movilizados y se dejen de comprar tanques, bombarderos y cañones en este País sin fronteras, sólo para guerrear contra el Pueblo y se le quiera educar en vez de matar, entonces habrá dinero de sobra."**

Según dijo el famoso filósofo, "somos dueños de nuestros silencios y esclavos de nuestras palabras". El peso cubano de aquella época -1959- estaba a la par del dólar, hoy serían 5000 y 8750 pesos cubanos respectivamente los salarios de maestros y profesores, sólo usando la tasa actual de cambio, sin tener en cuenta el incremento del valor monetario después de 58 años.

Aunque no se disponen públicamente de estadísticas oficiales donde se informe al respecto, se plantea que en la actualidad de cada diez profesores de Secundaria, sólo uno es idóneo para el ejercicio del cargo, con la consiguiente agudización del deterioro en la calidad de la enseñanza. Resalta en muchos estudiantes su bajo nivel en ortografía y conocimientos generales, incluso en graduados universitarios. Ello contrasta con aquellos maestros tan profesionales que existían entonces y que tanto amaban su carrera, dignificándola y dejando en cada estudiante una eterna huella de gratitud por ello. No por casualidad se han admitido nuevamente jubilados en las aulas y se ha aprobado la figura del "Repasador" como trabajo autónomo. ¿Será éste el nacimiento de la escuela privada?, ¿Podría ser una opción también la concertada, en la que el Estado subcontrata a terceros para que se encarguen de todo, manteniendo la gratuidad de cara al alumnado? En todo caso, ¿qué limitaría la coexistencia de ambos tipos de enseñanza?, ¿sería sólo un problema ideológico?, ¿es descabellada una modalidad de copago en el caso de las escuelas privadas, recibiendo ayudas del

Estado las familias necesitadas?, ¿no se crearían más puestos de trabajo y quizás se contribuya a elevar el nivel actual? ¿No convendría la competencia?, ¿podrá la Iglesia Católica dirigir nuevamente Centros Educacionales, ahora que Raúl ha dicho que volverá a la Iglesia si el Papa continúa igual? Es de señalar que connotados líderes de la Revolución estudiaron en este tipo de Centros y siempre han manifestado una magnífica opinión sobre ellos.

Por cierto, pese al desarrollo de la Educación, no aparece ninguna Universidad cubana entre las primeras mil a nivel mundial. La Universidad de la Habana, la mejor del país, clasifica en el lugar ochenta y cinco de América Latina y en el mil setecientos cuarenta y uno en el ranking mundial. Merece análisis.

Cabe recordar, que la gratuidad en la enseñanza no es sólo un patrimonio cubano -con independencia de sus logros y deficiencias obviamente- normalmente la enseñanza hasta el bachiller es gratuita en un número elevadísimo de países -aun no siendo socialistas- que mantienen un excelente Sistema de Educativo -totalmente gratuito, que compite con la enseñanza privada de tú a tú y dotado de las tecnologías más avanzadas. Además, encontramos Universidades Públicas gratuitas en: Alemania, Escocia, Chipre, Malta, Grecia, Dinamarca, Noruega, Finlandia, Suecia, Polonia, Eslovenia, Eslovaquia, Rep. Checa, Austria, Argentina, Uruguay, Brasil, (el 30 % de las universidades e instituciones de Educación Superior son Públicas) Ecuador, (a partir del 2010) Méjico, Venezuela (desde 2003), China. En Rusia existen también tanto la enseñanza pública como privada.

Sobradamente conocida es la frase del Apóstol José Martí: **"... educar, no es dar carrera para vivir, sino templar el alma para la vida..."** creo que es precisamente la templanza de la que habló Martí, la que ha faltado desde hace años en la educación cubana. Después de más de cincuenta años de ideologización, del abandono en las aulas y en la vida cotidiana de aquellos valores que inculcaban los viejos profesores y que eran reforzados en los hogares de entonces, ha traído las consecuencias sociales que se padecen hoy, y, que costará mucho tiempo y empeño recuperar. ¿Quién de los que peinan canas, no recuerda de niño haber encontrado algo en mitad de la calle o en la Escuela y haber sido obligado a retornarlo al lugar de procedencia -independientemente del valor del objeto en cuestión- acompañados además por la vergüenza del hecho? Existía un excelente conjuro entre padres y maestros. Por entonces era preferible no decir en casa que el profesor te había reñido en clase, porque seguramente, sin preguntar el por qué, se recibiría una segura reprimenda. Los maestros enseñaban, además de la carrera, el comportamiento adecuado para la vida, templaban las almas. Así, y no con consignas incomprensibles a destiempo, preparaban los alumnos para vivir en sociedad, respetar y ser respetados. No importaba que los padres o abuelos fueran analfabetos, para esta enseñanza estaban muy preparados y lo practicaban dando el ejemplo. Una palabrota...ni soñarlo entonces en un pequeño. En esos tiempos, la palabra empeñada tenía un valor superior a la redacción del mejor contrato de hoy.

La triste realidad -pese al logro de los avances mencionados- es que un número muy elevado, diría alarmante, de los jóvenes y no tan jóvenes de las nuevas generaciones, a pesar de las Escuelas al Campo y en el Campo, a pesar del machacante adoctrinamiento y, aún estando académicamente preparados, no tienen, ni por asomo, las virtudes de las generaciones que les precedieron. ¿Acaso se está recogiendo lo sembrado y, esta es la germinación de la semilla del Hombre Nuevo, ¿cómo y por qué la sociedad en su conjunto ha perdido tantos valores?, ¿cuál es la receta efectiva para solucionarlo y cuándo se aplicará?

Las siguientes palabras de propio líder se explican por sí solas. Raúl Castro en la Clausura del Sexto Periodo Ordinario de Sesiones de la VII Legislatura en la ANPP el 18 de Diciembre de 2010: ..."**Quien así actúa, también miente y sea quien sea, debe ser removido definitiva y no temporalmente del cargo que ocupa y, después del análisis de los organismos correspondientes, también separado de las filas del Partido si milita en él**"... agregando: "**...   Recordemos que en los diez mandamientos bíblicos, el número ocho dispone: "No darás falso testimonio ni mentirás". Igualmente en los tres principios éticos morales fundamentales de la civilización inca se establecía: no mentir, no robar, no ser holgazán....Están bien esos tres principios, ¿eh? Vamos a tratar de tenerlos presentes**".

Igualmente en la Primera Sesión Ordinaria de la VIII Legislatura de la Asamblea Nacional del Poder Popular, en el Palacio de Convenciones, el 7 de julio de 2013, expresó: ..."** Hemos percibido con dolor, a lo largo de los más de 20 años de período especial, el acrecentado deterioro de valores morales y cívicos, como la honestidad, la decencia, la vergüenza, el decoro, la honradez. ...** Agregando más adelante: ..."**Es sabido que el hogar y la escuela conforman el sagrado binomio de la formación del individuo en función de la sociedad y estos actos representan ya no solo un perjuicio social, sino graves grietas de carácter familiar y escolar.**"... Apuntando seguidamente: "**vivir en sociedad conlleva, en primer lugar, asumir normas que preserven el respeto al derecho ajeno y la decencia. Así, una parte de la sociedad ha pasado a ver normal el robo al Estado. Se propagaron con relativa impunidad las construcciones ilegales, además en lugares indebidos, la ocupación no autorizada de viviendas, la comercialización ilícita de bienes y servicios, el incumplimiento de los horarios en los centros laborales, el hurto y sacrificio ilegal de** ganado, la captura de especies marinas en peligro de extinción, el uso de artes masivas de pesca, la tala de recursos forestales..., el acaparamiento de productos deficitarios y su reventa a precios superiores, la participación en juegos al margen de la ley, las violaciones de precios, la aceptación de sobornos y prebendas, el asedio al turismo y la infracción de lo establecido en materia de seguridad informática. Conductas antes propias de la marginalidad, como gritar a viva voz en plena calle, el uso indiscriminado de palabras obscenas y la chabacanería al hablar, han venido incorporándose al actuar de no pocos ciudadanos, con independencia de su nivel educacional o edad. (....)Se tolera como algo natural botar desechos en la vía; hacer necesidades fisiológicas en calles y parques; marcar y afear paredes de edificios o áreas urbanas; ingerir bebidas alcohólicas en lugares públicos inapropiados y conducir vehículos en estado de embriaguez; el irrespeto al derecho de los vecinos no se enfrenta, florece la música alta que perjudica el descanso de las personas; prolifera impunemente la cría de cerdos en medio de las ciudades con el consiguiente riesgo a la salud del pueblo, se convive con el maltrato y la destrucción de parques, monumentos, árboles, jardines y áreas verdes; se vandaliza la telefonía pública, el tendido eléctrico y telefónico, alcantarillas y otros elementos de los acueductos, las señales del tránsito y las defensas metálicas de las carreteras(...) Igualmente, se evade el pago del pasaje en el transporte estatal o se lo apropian algunos trabajadores del sector; grupos de muchachos lanzan piedras a trenes y vehículos automotores, una y otra vez en los mismos lugares; se ignoran las más elementales normas de caballerosidad y respeto hacia los ancianos, mujeres embarazadas, madres con niños pequeños e impedidos físicos. Todo esto sucede ante nuestras narices, sin concitar la repulsa y el enfrentamiento ciudadanos. (…) **Lo mismo pasa en los diferentes niveles de enseñanza, donde los uniformes escolares se transforman al punto de no parecerlo, algunos profesores imparten clases incorrectamente vestidos y existen casos de maestros y familiares que participan en hechos de fraude académico(...)** Es interesante que según su discurso, es algo que han venido contemplando -con dolor- durante los últimos veinte años y, aunque Carlos Gardel dijo que no eran nada, parece realmente muchísimo tiempo para la inacción, ¿no le parece a Ud.? Son evidentes las diferencias de pensamiento entre uno y otro hermano. Llama la atención la evaluación hecha por Raúl de las deficiencias de la sociedad que, bajo el mismo mandato -del que él ha sido parte- ha degenerado por más de cincuenta años. Parece tratarse de un tema netamente administrativo. Veamos: **"...Con el concurso del Partido y los organismos del Gobierno, se efectuó un primer levantamiento que arrojó 191 manifestaciones de este tipo —conscientes estamos de que no son las únicas y de que hay muchas más—, separadas en cuatro categorías diferentes: la indisciplina social, las ilegalidades, las contravenciones y los delitos recogidos en el Código Penal...".** He aquí las soluciones que aporta: ...**"El combate contra esas nocivas conductas y hechos debe efectuarse utilizando diversos métodos y vías. La pérdida de valores éticos y el irrespeto a las buenas costumbres puede revertirse mediante la acción concertada de todos los factores sociales, empezando por la familia y la escuela desde las edades tempranas y la promoción de la Cultura, vista en su concepto más abarcador y perdurable, que conduzca a todos a la rectificación consciente de su comportamiento. Este será, no obstante, un proceso complejo que tomará bastante tiempo. El delito, las ilegalidades y las**

contravenciones se enfrentan de manera más sencilla: haciendo cumplir lo establecido en la ley y para ello cualquier Estado, con independencia de la ideología, cuenta con los instrumentos requeridos, ya sea mediante la persuasión o, en última instancia, si resultase necesario, aplicando medidas coercitivas.

A todas luces, muy poco se profundiza en las causas verdaderas de tales males, se pasa de puntillas, sin precisar causas ni en los responsables. Ahora sin embargo, se apela al papel del hogar nuevamente. Como sabemos que se destruye con mayor facilidad que se construye, ¿Cuánto tiempo necesitarán para revertir estos males en la sociedad? ¿Otro medio siglo?   Pero...¿Por qué mienten, roban, simulan, practican la doble moral, la chabacanería, el lenguaje soez, gritan, visten inadecuadamente en según qué lugares sin siquiera inmutarse y se prostituyen sin el menor pudor una parte importante de los cubanos de hoy?, ¿será que estas generaciones son peores por azar y ello obedece únicamente a los designios del destino?, ¿quién es, o son los responsables, el Estado, la familia, ambos?, ¿será su ocurrencia motivada por el bloqueo o alguna acción secreta del Imperio?.   Además de las causas apuntadas en cuanto al deterioro y politización de la enseñanza, logrando una degeneración de los valores mencionados en la sociedad, la propia actuación del Estado en el resto de esferas de la vida cotidiana, acentúan los males o provocan algunos de ellos. El propio discurso de Fidel Castro, al referirse a aquellos que no piensan igual, empleando un lenguaje ofensivo y vulgar,   -recordemos los términos de gusanos, lumpen, escorias- de seguro no contribuirán mucho a cultivar el respeto, la consideración, la igualdad y la tolerancia, más bien generará odio, exclusión, desprecio e inmunidad de los que, respaldados por la política oficial, lo practican. ¿Qué valores pueden transmitir los que son capaces de cercar en sus casas familias con niños, cortándoles el suministro de agua y luz, instalando equipos de audio por los que desgranan todo tipo de ofensas, por el único delito de querer marchar del país?, ¿qué valores tienen y transmiten los representantes cubanos que asisten a una Cumbre en Panamá y se enzarzan a puñetazos, gritos y ofensas?, ¿cómo no ha de simular, ser deshonesto y mentir un ciudadano que sabe que toda discrepancia se paga caro, incluso como mínimo con la pérdida de su empleo?, ¿cómo se pretende que se vista correctamente si por muchos años, mientras más sucio ibas era señal de ser menos burgués y más revolucionario, amén de los desabastecimientos?, ¿cómo alimenta un padre de familia sus hijos con un salario miserable si no **"consigue"** y **"resuelve",** en lugar de comprar, porque simplemente no hay dónde, o su trabajo no le proporciona los medios económicos suficientes para hacerlo?, ¿cómo arreglar su vivienda sin llevarse los materiales del Estado si durante 40 años o más, no había donde comprarlos?, ¿cómo evadir las dificultades asfixiantes con un salario exiguo?, ¿para qué alguien ha de esforzarse más en su trabajo si ganará lo mismo que quien no lo hace?. Por aquí se han de buscar y encontrar parte de las respuestas también. A nadie se le ocurriría robar un interruptor en un Hospital donde le están atendiendo, excepto en Cuba. Son muchísimos los factores que, como una gota de agua sobre una piedra, han ido socavando la Sociedad Cubana a lo largo de más de medio siglo. Se ha perdido la consideración, el sentido ético y estético hasta de sí mismo. No importa cómo me vista, hable o me comporte, al final tendré lo mismo, es como muchos sienten y piensan. Tal parece que son arrastrados por una inercia colectiva.   Según la propia teoría *marxista*,..."**el hombre piensa como vive...",** con lo cual, el entorno ha influido en la actitud y comportamiento de los ciudadanos durante todos estos años. Nadie tiraría al suelo una colilla de cigarrillos o un papel si se encuentra en un lugar limpio y recogido y, se sabe observado por el resto, de seguro se encaminaría a una papelera para hacerlo, creándose un hábito, una disciplina en el comportamiento ciudadano. Sin embargo, si en el barrio donde vives la basura se amontona en la calle sin recogerse, si el alumbrado público es casi inexistente, si las áreas verdes no se cuidan, si la palabra mantenimiento no existe en las edificaciones y, encontrar muchas de ellas en ruinas es parte de la cotidianidad y el paisaje, donde falta el agua y la luz sistemáticamente, donde quien tiene la responsabilidad de gobierno ante las quejas responde que no hay recursos y es el bloqueo de EEUU el culpable, si comer cada día es todo un reto y, para colmo, la prensa y los medios informativos son absolutamente censurados y lejos de abordar estos problemas, son constantes los sobre cumplimientos de planes productivos y victorias del Socialismo en sus reportes, entonces la sociedad experimenta una sensación de cansancio, de hastío, de abandono, nada es importante, porque nada tiene solución y nada se puede cambiar...

Recién se ha anunciado la puesta en vigor de un "Nuevo Reglamento Urbano", ojalá contribuya en algo a cambiar la actual imagen de ciudades y pueblos.   ¿Cómo pueden sorprenderse ahora, cuando sabemos que esta degeneración no ha ocurrido de un día para otro, sino que ha sido progresiva durante décadas? ¿Dónde han estado durante los últimos cincuenta años? Será que, como Silvio Rodríguez, se ha enterado en una gira que: **"la gente está más jodida de lo que él pensaba".** Todo parece indicar, que han contemplado el proceso de descomposición del cadáver sin mover un dedo. ¿Es que acaso se necesita un cambio de líder y, con éste, nuevos enfoques según su manera de pensar para abordar estos catastróficos aspectos, ¿qué papel han jugado durante todo este tiempo las llamadas organizaciones de masas, o los propios núcleos del Partido y la Unión de Jóvenes Comunistas en la detección, denuncia y acción sobre estos males de la Sociedad? ¿O es que si la tarea no **"la**

bajan" no se hace nada? La gran pregunta sería: ¿Son honestos y transparentes los mismos que gobiernan para con su Pueblo? ¿Lo son los militantes en sus núcleos de base? En Cuba, a menos que sean secretas, no hay encuestas de opinión y, si las hay, no se publican, no hay debate real y profundo en **"los medios"** sobre los temas que interesan al pueblo. Sería muy conveniente, que los principales gobernantes, tomaran ejemplo de algunos Ejecutivos de grandes Empresas, que se introducen de incógnitos en sus centros, para conocer de primera mano las dificultades y el pensamiento de sus trabajadores. Bien valdría la pena sentarse en un parque, o caminar las calles de la ciudad, o viajar en transporte público para escuchar y constatar cómo viven y piensan la gente del país que gobiernan. De seguro la sorpresa estaría garantizada, o, tal vez no...

Mención especial merece la prostitución. Si en el año 1959, se reconocen como censadas unas diez mil prostitutas que **"trabajaban"** en zonas específicas y bajo control sanitario -sin el cual teóricamente no podían ejercer- y se dice que por aquel entonces Cuba era el burdel de EEUU, ahora hemos de reconocer que se ha avanzado, hoy, se han logrado internacionalizar, dejando de ser sólo patrimonio yanqui y, además, como dijera el propio ¨Comandante en Jefe **"...nuestras prostitutas son las más cultas del mundo"**... Esto como valor añadido claro. Se conocen las razones que la originan; pero lo que no se sabe es la cantidad de hombres y mujeres -mayores y menores de edad- que la ejercen. ¿Serán más de diez mil?, ¿alguien niega que exista y que sea alarmante el fenómeno a estas alturas en la sociedad?, ¿se hace algo al respecto, más allá de devolver a sus provincias a quienes, no siendo de la Habana, la ejercen allí?...

CAPÍTULO III

SALUD Y ALIMENTACIÓN

SALUD

He aquí el otro tema que básicamente se reconoce como un verdadero avance en Cuba. En el año 1959, la situación en Salud, al igual que en la educación, no era tampoco la mejor en cuanto a la que se necesitaba el país y a lo que debían aspirar como nación. No obstante, según datos de diferentes publicaciones asociadas a informes de Organismos Mundiales como la ONU, la OMS, además del propio Gobierno Cubano, el lugar que ocupaban entonces no era de los peores en el Continente ni en el Mundo. En mortalidad infantil, la cifra se situaba -considerando diferentes fuentes- en alrededor de 40 por mil nacidos vivos, primer lugar en América Latina. En camas por habitante -con iguales consideraciones- la suma de las Instalaciones públicas y privadas, arroja un índice de unas 200 por habitante, muy próxima a los países desarrollados de entonces. En cuanto al número de habitantes por médico, la tasa se sitúa 960, segundo lugar en América Latina y 22 del mundo. En habitantes por estomatólogo, ocupaba el tercer lugar en América Latina. En el coeficiente de mortalidad general, tenía el primer lugar en América Latina con 5.8 por cada mil habitantes, siendo además uno de los más bajos del mundo.

Resulta obvio que en todos los indicadores, los resultados actuales para una población que se ha incrementado, superando ya los once millones de personas, son muy superiores. Esto no se discute. Cuba tiene un Sistema de Salud Universal y Gratuito, estructurado como cualquier país del primer mundo -obviando las claras diferencias en medios e instalaciones- ocupando sin dudas un lugar destacado a nivel mundial.

La Isla cuenta con numerosísimas

instalaciones de salud, tantos hospitales, policlínicos, Consultorios de Barrio, Institutos, Centros Especializados, Centros de Higiene y Epidemiología, Facultades de Ciencias Médicas y un sólido Sistema de Desarrollo Científico para la Investigación de enfermedades y fármacos, alcanzando logros importantes en este campo.

Pero resulta indudable, que no podría haber obtenido semejante desarrollo, sin el monto de los subsidios otorgados durante treinta años por la extinta Unión Soviética. No obedece sólo a su propio soporte económico, no obstante, el beneficio es tangible para la población y es parte de la actual riqueza de la nación.

Mención especial merece la abnegación y sencillez de la abrumadora mayoría de los médicos cubanos, pese a estar sometidos a las mismas acuciantes necesidades del resto de la población. Es frecuente ver un cirujano en su bici de camino al Salón de Operaciones.

Nadie pondrá en duda, el elevadísimo aporte de Cuba y especialmente de sus profesionales de la Salud, en países azotados por fenómenos naturales y/o devastadoras epidemias, para orgullo de la nación y especialmente de quienes han salvado vidas arriesgando las suyas. Es un mérito incuestionable.

Vale la pena, sin embargo, enumerar algunos aspectos que ocurren en las Instalaciones de Salud, así como algunas conductas que han ido apareciendo y que debían promover la reflexión sobre ellas, tanto del ciudadano, como del Estado, puesto que se trata de ir siempre a mejor, no retroceder, poniéndose énfasis en las causas que las ocasionan y sus posibles soluciones.

Es frecuente, casi ya una norma, que el ciudadano cuando ingresa ha de llevar, desde las sábanas y medios de aseo, hasta el cubo y calentador de agua para bañarse, pasando por el ventilador y todo lo necesario para su estancia. Es un caso único.

Resulta lamentable el estado de muchísimas Instalaciones, donde faltan interruptores, tomas de corriente, luminarias, parte del revestimiento de paredes y suelo y donde tampoco existe la adecuada acción de mantenimiento. En muchas instalaciones, las condiciones higiénicas y sanitarias son muy malas. Ni comentar la alimentación que reciben los pacientes, obligados también a traerla desde casa por los familiares.

Todo lo anterior, no se produce en las Instalaciones donde brinda sus servicios SERVIMED, entidad dedicada a la atención de pacientes extranjeros y donde sí reciben una verdadera atención de primer nivel. No se pone en duda la legitimidad en este desempeño como vía de ingreso al país; pero bien podría ser el ejemplo de lo que verdaderamente deben y pueden aspirar de forma generalizada. Eso sí sería la verdadera conquista. En las deficiencias enumeradas, existe responsabilidad del Estado; pero también parece haber una gran responsabilidad de la ciudadanía; cabría preguntarse si: ¿será la cubana peor que otras sociedades?, ¿cómo no valorar adecuadamente lo que se supone es de todos y para el bien de todos? ¿Cómo se plantea el Estado solucionar todas estas cuestiones y cuándo?

Parece ser que tampoco funciona aquí la llamada Propiedad Social. Ello apunta al mismo mal mencionado anteriormente, por un lado, la degeneración de los valores y principios y, por el otro, la dejadez e indolencia desde las mismas organizaciones de base, unido a la falta de recursos. Es igualmente acuciante, la falta de material de todo tipo para el adecuado desarrollo de la actividad, sean bien de laboratorio, cirugía u otras. Igualmente se acusa la falta de medicamentos en las Farmacias, al menos, de manera cíclica por una u otra razón.

Son harto conocidas las protestas del colectivo de la Salud Cubana por las condiciones en que desempeñan su trabajo.

No les cuesta de sus bolsillos. Acostumbraron al pueblo que todo era gratis, otros pagaban. Hasta que se acabó. No ha sido sostenible plenamente y el gobierno debe realizar verdaderos malabares para mantener el Sistema de Salud. Es obvio, que sin riquezas nacionales no se podrán desarrollar verdaderamente ideas de progreso, bienestar y justicia social. La intención sólo no basta. Se necesita plata.

Aunque por fortuna no está generalizada, existe una práctica cada vez más frecuente, sobre todo en la Capital, donde para tener acceso con rapidez a pruebas médicas, una operación o, simplemente la atención priorizada del galeno, se ha de **"agradecer"** tal atención con algunos pesos convertibles o, en su defecto, el equivalente en especies.

El envío masivo de médicos, enfermeras y técnicos del Sistema Sanitario al extranjero en las llamadas **"misiones"** - en la búsqueda desesperada del financiamiento necesario por parte del gobierno- obviamente ocasiona un deterioro en la atención a los pacientes, pese a que no se reconozca oficialmente. Es razonable pensar que si en un lugar antes había cinco médicos -por ejemplo- y ahora hay sólo tres y no se ocasionan dificultades en la atención, o bien sobraban dos antes, o los que quedan verán incrementado enormemente su trabajo para suplir dichas ausencias, con la consiguiente disminución de la calidad del Servicio. Vamos es de sentido común, ¿no?, máxime si los que quedan continúan devengando su mismo salario en pesos cubanos.

Esta práctica "internacionalista", se ha visto incrementada desde hace años, no ya sólo como ayuda solidaria, sino como un negocio rentable para el Estado, que se queda con la mayor parte del salario abonado por el país receptor, argumentando su empleo en beneficio de todos. Parece que éste, no es el mejor sistema para que el gobierno obtenga financiamiento, puesto que puntualmente, recibe un beneficio; pero sobre el sacrificio de estos profesionales, cuya contratación se sustenta en cláusulas leoninas, no se negocia nada, es así y punto. Baste señalar el ejemplo de Brasil, de un salario aproximado de unos 3588 dólares mensuales, el profesional cubano recibe 905, sólo el 25 % del total, el 75 % se lo queda el gobierno. Es tal el control sobre ellos, que no se les permite, una vez concluido el periodo contratado con el Estado cubano, firmar otro contrato independiente de éste. Un detalle más, si faltando un mes para cumplir la "misión"   -que podría ser de tres o cuatro años- el galeno la abandona, no recibirá ni un céntimo del salario en divisas devengado y que acumula y custodia el Gobierno. ¿Justo no?

Marchan arriesgando muchas veces sus vidas, sea por enfermedades o actividades de delincuentes y el crimen organizado en sus lugares de destino. Es conocido que la mayoría presta atención a poblaciones de lugares apartados, donde el propio médico y personal sanitario del país receptor no acepta marchar.

Sería deseable pagar la carrera o parte de ésta y no tener la obligatoriedad de enrolarse en estas **"misiones",** bien sea por imperativo de los resortes de presión empleados por el Estado -recordemos la Guerra de Angola- o por no poder, dentro de su propia Patria y con su propio trabajo, aspirar a una vida mejor. Este elevado sacrificio, constituye casi la única vía para mejorar los ingresos y tener alguna posibilidad de planificar parte del futuro. Forman un ejército de peones, manejados sobre el tablero. ¿Es esto parte del socialismo necesariamente?

Pero... ¿Qué pasaría si las decenas de miles de profesionales de la Salud se ven abocados a un regreso definitivo a Cuba en un plazo relativamente breve?

Es muy probable, tal como evoluciona ahora mismo América Latina, que esto suceda y es de suponer que en algún momento se produzca un excedente de profesionales en la Isla, con lo que surgen varias interrogantes: ¿Se les permitirá entonces la contratación individual?. ¿Sería aplicable el ejercicio privado de la medicina de forma paralela a la Pública?, ¿Qué ventajas podría traer en cuanto a empleo y calidad? ¿No podría el Estado igualmente tener Centros de Salud Concertados, subsidiando las personas y garantizar una buena atención y mantenimiento de éstos por particulares y/o cooperativas? ¿Tendrían en esos hipotéticos centros, un mejor comportamiento cívico los ciudadanos? ¿Es el problema sólo ideológico?

ALIMENTACION

Probablemente, este sea el tema más sensible en la Cuba de estos últimos 58 años. Reza el refrán -muy acertadamente- que el amor entra por la cocina. ¡Cuánto amor entonces nos ha faltado en estos largos años! La alimentación, además de contribuir al amor, es parte imprescindible de la salud.

En su intervención de defensa en el juicio del Moncada, Fidel Castro dijo: **"...Cuba podría albergar espléndidamente una población tres veces mayor, no hay razón, pues, para que exista miseria entre sus actuales habitantes. Los mercados debieran estar abarrotados de productos, las despensas de las casas deberían estar llenas, todos los brazos podrían estar produciendo laboriosamente. No, eso no es inconcebible. Lo inconcebible es que haya hombres que se acuesten con hambre mientras quede una pulgada de tierra sin sembrar..."**

Parece pronunciado ayer u hoy por la mañana y, no precisamente por Fidel Castro. Después de haber gobernado de conjunto ambos hermanos por 58 años, tal es su actualidad, que pareciese una broma macabra de la historia. De suerte tal, que aún sólo tenemos el doble de la población a la que se refería Fidel entonces. ¿Cómo sería para alimentar 18 millones de habitantes hoy en la Cuba Socialista? Igual habría que esperar a convertir el Socialismo en Próspero y Sostenible.

En aquel entonces, la Cuba a la que se refería Fidel en cuanto a alimentación -pese a la existencia de problemas y desigualdades- tenía un consumo superior a 2600 calorías diarias/habitante como promedio aproximado, ocupando el segundo lugar en el Continente. Se consumían 76 libras de carne por persona al año, situándose en el tercer lugar a nivel de Hemisferio. Entonces, el propietario de una vaca la podía sacrificar sin miedo de ir a la cárcel, pena que ha resultado una acompañante inseparable durante todo el viaje revolucionario. Habían 0.86 cabezas de ganado por cada cubano, ocupando el octavo lugar en Latinoamérica. Se podía tomar un vaso de leche en cualquier bar o cafetería, lo que no ha logrado la revolución en toda su historia. La provincia de Camagüey era famosa por su desarrollada ganadería. En producción de carnes en general, Cuba ocupaba el tercer lugar a nivel de Continente, sólo superada por Argentina y Uruguay.

En consumo de pescado fresco, la Isla ocupaba el primer lugar del Continente -aprovechando su ubicación geográfica- seguida por EEUU. Cincuenta y ocho años después, se tiene acceso a una porción de pollo por pescado -cuando viene- ironías de la historia ¿verdad? ¿No podría autorizarse el desempeño de privados en la extracción y la comercialización en la actividad pesquera?, ¿cuál es el temor?, ¿Acaso que intenten irse del país? Y, si fuera el caso, no lo están intentando ya por miles!

Creo muy sinceramente, que mientras se actúe pensando más en no perder el control absoluto de la sociedad y sus actividades, incluso priorizando esto por encima de sus necesidades básicas, no habrá mejoría posible.

El Estado cubano, como cualquier otro, tiene que garantizar, obviamente, el cumplimiento de normas y leyes; pero no en deterioro de las libertades y necesidades de sus ciudadanos, sino haciendo que éstas sean transparentes y objetivas, aceptadas por la mayoría. Que sean normales. En un país rodeado por mar, es incomprensible que no haya pescado. Ello no obedece a falta de interesados en desarrollar la pesca, ni siquiera que le falten medios, básicamente se trata de prohibiciones. Es un pez que se muerde la cola. El ejemplo está en los miles de bares, restaurantes y pequeños negocios que se han extendido por todo el país, sólo a partir de ser autorizados. No han contado con un mercado mayorista, ni medios de transporte, ni infraestructura, sólo su voluntad, energía e iniciativa, les ha proporcionado la posibilidad de tener una vida mejor mediante el incremento de sus ingresos."Ni el bloqueo yanqui les ha detenido".

Con la cartilla de racionamiento, establecida en el año 1963 bajo el argumento de ser un imperativo, a consecuencia del bloqueo-embargo aplicado por Estados Unidos, comenzó -con sus altibajos- el peregrinaje cubano por el desabastecimiento y las limitaciones alimenticias. En un principio, la llamada **"libreta"**, poseía bastante mayor volumen que en la actualidad, pasando por diferentes etapas; pero lo cierto es que ni en la mejor época del subsidio soviético se eliminó. Probablemente, con la caída del llamado Socialismo Real, el país padeció un período de hambruna y enfermedades, muy superior al denunciado por Castro en su conocido alegato "La Historia me Absolverá".

Son incontables las transformaciones producidas en la Agricultura en general a lo largo de todas estas décadas. Un logro a destacar es la mecanización y, por tanto, la humanización de la parte agrícola de la zafra azucarera.

La transformación ha incluido desde la concentración de campesinos en las poblaciones por diferentes planes y razones productivas, pasando por confiscaciones y nuevos repartos de tierras, planes esperanzadores que acabaron en fracasos sonados, esfuerzos titánicos, arengas constantes, cambios de cultivos en lugares que habían sido de uno y se destinaban a otros, demolición de Centrales Azucareros y fabricación de nuevos, para desechar posteriormente parte de éstos, entre otros. Todo ello ha marcado una época de desatinos, coronada por el incontenible avance de un mayor número de tierras improductivas y la callada presencia del marabú, como testigo permanente de la incompetencia manifiesta. Me pregunto: ¿Son los campesinos cubanos hoy menos capacitados que los de antes?, ¿por qué no se produce la tierra si, en principio, la venta de sus productos está asegurada en un mercado muy lejos de satisfacer la demanda de su población?, ¿qué produce tal desinterés en éstos?

Hoy en día, tras los últimos cambios de la llamada ¨actualización del modelo¨, lo cierto es que subsisten los males y Cuba importa el 70 % de sus alimentos, siendo un país eminentemente agrícola.

No obstante la existencia actualmente de "Comercios Especiales" – cuya venta es en el equivalente al dólar- para la venta de alimentos, donde el consumidor puede acceder a una oferta cercana a los estándares normales, lo cierto es que el poder adquisitivo de ese consumidor medio cubano, que vive normalmente con un salario de poco más de 20 dólares al mes, ve limitadas sus posibilidades a aquello que le garantiza lo más elemental, padeciendo serías carencias. Los precios son inalcanzables para ese salario medio.

Se hace innecesario señalar mayores argumentos, podrían enumerarse decenas o cientos de planes, de sistemas de regadío, de embalses construidos, variadas obras hidráulicas, etc., que sin duda están ahí muchas de ellas y constituyen una riqueza en infraestructuras; pero lo cierto es que, pese a todo esto, disponen de menos alimentos y más caros. En Cuba la gente no muere de hambre; pero es significativo el elevado índice de anemia entre la población, como consecuencia de deficiencias nutritivas. La alimentación no es sólo un problema de cantidad, sino también de diversidad.

Hoy se produce menos azúcar, menos carne, menos leche, menos café, menos tabaco, etc. En viandas y hortalizas en el año 1960 Cuba era el principal exportador al mercado de EEUU, hoy no alcanzan para abastecer el mercado interno. Sería conveniente recordar una consigna que se puso en boga en la década del 80 ó 90 entre los líderes del Gobierno para evaluar a sus propios dirigentes administrativos: **"lo importante no es el esfuerzo, sino los resultados"**. A buen entendedor....

En la clausura del Sexto Período Ordinario de Sesiones de la Séptima Legislatura de la A.N.P.P. el 18 de diciembre de 2010, Raúl Castro expresó:

...**"Muchos cubanos confundimos el Socialismo con las gratuidades y subsidios, la igualdad con el igualitarismo, no pocos identificamos la libreta de abastecimientos como un logro social que nunca debiera suprimirse. Al respecto, estoy convencido de que varios de los problemas que hoy afrontamos tienen su origen en esta medida de distribución."**

Interesante que ahora se manifieste de esta manera, aunque creo que siempre quedará la duda de por qué no lo hizo antes; pero bienvenida sea su actualización 58 años después. Sinceramente, causa pesar no poder formularle directamente las siguientes interrogantes: ¿Será entonces el sistema productivo y los resortes que lo mueven los que han de cambiar?, ¿cómo y cuándo van a superar la situación de carencia en la producción agrícola y altos precios de sus productos en relación al nivel del salario medio de la población? El Estado topa los precios; pero ¿qué se dice de incrementar la producción? ¿Cuándo un trabajador podrá -con un salario devengado honradamente- acceder a una alimentación variada y adecuada para su familia en la red de Tiendas del Estado?

Dado el contenido de sus ideas, ¿cabría pensar si Raúl Castro, como líder actual, está rectificando -sin prisa; pero sin pausa- lo ejecutado por su hermano?, y lo más importante, ¿qué tiempo le llevará? y, ¿hasta dónde estará dispuesto a llegar en las rectificaciones?

CAPÍTULO IV

VIVIENDA. TRANSPORTE Y SERVICIOS PUBLICOS

VIVIENDA

La vivienda es el bien más preciado del ser humano, ya sea como parte de una familia o incluso, cuando estamos solos. Sin este bien -que no sólo nos cobija y protege, sino que acentúa la célula familiar y contribuye como espacio íntimo y privado a la estabilidad de todos sus miembros y al desarrollo adecuado de hábitos educativos en nuestros hijos- la vida tiene un rictus de tristeza, nos sentimos, y, de hecho estamos desprotegidos, no hay cosa más dolorosa que no tener un hogar.

Uno de los principales objetivos de la naciente revolución cubana, fue enfrentar la solución de este serio problema para la población de entonces. El déficit habitacional en enero de 1959 para seis millones de habitantes, se estimaba en cerca de un millón de viviendas, existiendo muchas familias en bohíos de madera y guano, con pisos de tierra, sobre todo en el campo, donde la falta de electricidad y condiciones higiénico-sanitarias como se ha dicho, eran notorias. Tampoco las ciudades estaban exentas de dificultades.

Entre las primeras acciones en este sentido, estuvo la promulgación de la ley de Reforma Urbana. Se consideró por el Estado la construcción de las nuevas casas con pagos que no excedieran el 10 % del salario del propietario, así como beneficios para aquellos inquilinos que poseían una vivienda en alquiler y el otorgamiento de Títulos de Propiedad a muchos de ellos. Efectivamente se logró en esos primeros años, revertir en parte la situación existente, sobre todo en los campos.

En Cuba actualmente, cerca del 90 % de los habitantes de un inmueble son propietarios del mismo. Igualmente se elevó la electrificación de los hogares por encima del 90 %, incrementándose ostensiblemente la conexión al agua potable y el acceso a redes sanitarias, no obstante, persisten problemas de abasto de agua, tanto en la capital como en otras ciudades -haciéndose críticos en algunos casos- inciden en ello factores climáticos en determinados periodos, además del mal estado en muchas redes de abasto, originado por la falta de inversión y modernización del sistema entre otros factores.

No resulta fácil la solución de la vivienda para los ciudadanos de muchos países. Incluso en países ricos, es frecuente encontrar viviendas nuevas vacías y familias sin un techo digno, es decir, el problema va desde la falta de viviendas en sí, hasta la falta de voluntad política de algunos gobiernos para su solución, aun existiendo éstas.

En el caso de Cuba, donde no ha existido durante más de cincuenta años la construcción de viviendas mediante la actividad privada, ni la venta de materiales para construir por medios propios -aspectos que podrían haber aumentado el fondo habitacional de forma paralela a las ejecutadas por el Estado- el problema se ha acentuado más con el paso de los años.

Pese al esfuerzo realizado por el gobierno en la ampliación del fondo habitacional, no ha sido suficiente para solucionar las necesidades, agravándose el drama por la falta de recursos financieros con la caída del socialismo en Europa y la ocurrencia de fenómenos naturales devastadores.

En realidad, ni en los mejores momentos, se alcanzó el ritmo deseado en la creación de nuevas viviendas, incluso mediante el uso de Sistemas Prefabricados de Construcción, que posibilitaban un mayor ritmo en la ejecución; pero sacrificando la estética y en muchas ocasiones la calidad en función de lograr mayor rapidez. Con ello se crearon barrios homogéneos y monótonos.

Durante el periodo desde 1959 hasta la fecha, se han construido -por todas las vías empleadas- un total aproximado de más de dos millones y medio de nuevas viviendas, sin embargo, la férrea voluntad del Estado durante mucho tiempo de monopolizar la solución del problema, excluyendo el resto de los posibles actores, sitúa actualmente -según estimados- un déficit habitacional muy próximo al millón de viviendas, muy similar o superior al año 1959, tomando en cuenta que la población se ha duplicado desde entonces. Existen familias que llevan más de veinte años viviendo en albergues, los también llamados por el Estado "Comunidades de Tránsito", término más elegante sin dudas; pero con iguales consecuencias.

Atención especial merece lo relativo al mantenimiento de las viviendas existentes, urbanizaciones, redes técnicas de abasto y viales. Paradójicamente, mientras se construían cientos de escuelas en el campo, se abandonó completamente el mantenimiento, con su máximo exponente en la Capital, acumulándose y agravándose los problemas. Pareciese que fuera un castigo a la ciudad. Se estima que en la actualidad, sólo en La Habana, el cuarenta y nueve por ciento de las viviendas se encuentra en estado regular o malo y, para decenas de miles no existe ya retorno posible. El panorama que exhiben numerosos barrios es desolador, la falta de pintura, los derrumbes parciales o totales, la carpintería carcomida, los apuntalamientos en balcones, paredes y techos, las calles llenas de huecos y en muchos casos de basura acumulada y los salideros crónicos entre otros males, conforman un panorama dantesco, coronado por grupos de personas que usan las aceras como asientos, mal vestidos y expresándose en el lenguaje más chabacano posible. Se ha acrecentado, poco a poco, la marginalidad de barrios enteros.

No escapan a este desolador paisaje, parques y edificaciones donde otrora se levantaron cines y variados centros comerciales. Pese al esfuerzo de Eusebio Leal por el rescate de la ciudad, así está hoy la Capital de todos los cubanos.

A nivel de país, se estima que un cuarenta por ciento del fondo habitacional está en mal estado y un treinta regular. Es grimoso el estado general tanto de pueblos pequeños como de ciudades medianas, no sólo en lo concerniente a la vivienda. Donde antaño existía una vida dinámica y florecía la actividad comercial, hoy se percibe la ruina, el silencio y el abandono. ¿Alguien podría desmentir esto?

El tema de la vivienda no ha escapado al control estatal y a sucesivas y diferentes normas, desde la prohibición a su venta por espacio de más de cincuenta años, pasando por el abono de la parte proporcional de la casa para aquél miembro de la familia que abandonaba el país –aunque ésta ya hubiera sido pagada en su totalidad previamente- hasta la reciente autorización a su comercialización. Durante años, realizar una permuta podía convertirse en misión imposible.

Ciertamente, con la llegada de Raúl Castro al poder, se observa una mayor preocupación en la recuperación de espacios y edificaciones, así como la aprobación de la venta de materiales a la población y otras medidas que tienden a llevar mayor sensatez al tema, lo cual enfatiza con nitidez que todo depende del líder y sus decisiones; pero, ¿no ha estado Raúl como segundo al mando en el gobierno durante todos estos años?, ¿cómo es que cuando había mayor disponibilidad de materiales que ahora, no se autorizó nunca antes la venta de éstos ni de las propias viviendas?. ¿Por qué ahora si? Se pone de manifiesto que hay un problema de conceptos, con independencia de la falta real de recursos. Bien podría aplicarse -también en este caso- lo que el pueblo comenta en las calles: **"...el mayor bloqueo que tenemos es interno."**

TRANSPORTE TERRESTRE

Con el arribo del primer automóvil a la Isla poco antes de 1900 -de facturación francesa- el país se convirtió en el primero de América Latina en recibir un auto. Su velocidad aproximada era de 10 km/hora. Con tal acontecimiento, se pondría en marcha toda una revolución, que implicaría desde el otorgamiento de los primeros "Títulos de Choferes", el surgimiento de talleres de reparación, las Estaciones de Servicio, las regulaciones de tráfico, adaptación y creación de vías y también las competiciones de velocidad. Se iniciaba la extinción del transporte de personas mediante vehículos de tiro animal en pueblos y ciudades. A finales de los años cincuenta, la Isla ocupaba el tercer lugar en el índice de cantidad de habitantes por automóvil, siendo casi el 94 % de los mismos de procedencia Norteamericana. Nada hacía pensar a los cubanos de entonces, que casi seis décadas después, pasarían al primer lugar; pero esta vez como el gran museo de automóviles de facturación norteamericana más antiguos en el mundo. Erigiéndose en la gran pasarela de los **"almendrones"** -se estiman actualmente unos setenta y cinco mil en toda la Isla-

en gran parte, motivado por el bloqueo general que ha impedido el acceso a recambios y, como contrapartida a éste, por el legendario ingenio de los mecánicos de la Isla, que les mantienen con vida.

Al desaparecer la posibilidad de que cualquier ciudadano pudiera adquirir con su trabajo y un préstamo bancario - es lo común para un trabajador- un automóvil y, paralelamente prohibir el ejercicio por cuenta propia como taxi a los propietarios de éstos, se acentuó la dependencia casi absoluta de la población del Transporte Público Estatal. Son arto conocidas las dificultades sobrevenidas, especialmente por carreteras, donde se desplaza la mayoría de la población.

Ni en el mejor de los años del subsidio, se ha logrado solucionar definitivamente el problema, teniendo momentos de gravedad extrema, según los ciclos producidos por la desaparición de dicha ayuda financiera. El surgimiento de un cuerpo de inspectores para garantizar la recogida de pasajeros en las carreteras cubanas por los vehículos estatales, pasará ya a la historia del transporte en Cuba, los llamados **"amarillos"**, en alusión al color de sus uniformes.

No es lo normal acudir a una terminal de ómnibus y comprar un billete con la intención de abordar el próximo o el siguiente ómnibus hacia otro municipio o provincia, lo más normal que ocurra es que el que debía salir no lo haga, o lo haga con retraso. De más de quince mil ómnibus en los años 80, quedan menos de ocho mil en activo. Se planifican nuevas importaciones; pero, ¿que garantiza que en adelante haya estabilidad?

En ciudades como La Habana, con un volumen de habitantes que rebasa los dos millones de personas, es una verdadera odisea trasladarse. Deben dar gracias a que existen los "almendrones" y a que se levantó la absurda prohibición de ejercer a sus propietarios como taxistas.

En el resto de pueblos y ciudades, se ha recuperado la añeja costumbre se trasladarse en vehículos tirados por animales, o la aparición de los llamados bici taxis, para paliar la falta de ómnibus o casi suplirlos por completo.

Con la revolución socialista, se eliminó toda posibilidad de importación de vehículos, bueno de todo; pero ahora nos ocupa este tema en específico. Ni siquiera se tiene la posibilidad de una moto, excepto aquellas cuya cilindrada no rebase determinada potencia, sean eléctricas y su velocidad no exceda los 50 k/h, un poco más que el primer automóvil de 1900. ¿Cuántas personas no podrían trasladarse diariamente a su trabajo en este medio de transporte, aliviando el Transporte Público?, ¿por qué no se fomenta su venta a precios razonables y mediante ejecución de créditos bancarios? ¿Se aplicaría aquí también el famoso argumento esgrimido por Ricardo Alarcón -Presidente del Parlamento cubano, en su encuentro con jóvenes estudiantes universitarios de ciencias informáticas- quien, al ser preguntado sobre las razones que prohibían viajar a los cubanos, argumentó que: **"si todos pudieran viajar, se armaría tal revuelo en el cielo, que los aviones chocarían los unos con los otros".** Esperemos que no.

Ahora bien, ¿cuál puede ser la cusa de tales prohibiciones?, quizás la respuesta más probable que se dé oficialmente, sea la falta de combustible, ¿no?, sin embargo, la Cuba de hace 58 años también importaba el combustible, al menos hoy la extracción se ha incrementado hasta el 40 % de consumo nacional y además, tampoco se permitió mientras duró la abundancia soviética o venezolana. Otra posible causa sería tal vez los recambios, tampoco sería limitante, sería muy fácil de solucionar con las firmas productoras y comercializadoras. Con voluntad claro.

El Estado vendió vehículos hace más de veinte años a dirigentes de sus empresas y ministerios; pero se quedó la venta a nivel de los ejecutivos más altos. ¿Casual?

En el año 2011, Raúl Castro aprobó la venta de vehículos entre particulares, prohibida anteriormente por su hermano, excepto los autos fabricados antes de 1959. Medida que devuelve cierta normalidad, al menos parcialmente. ¿Por qué no se hizo anteriormente?

En la actualidad, el Estado importa y vende automóviles - muy cierto- a precios módicos, por ejemplo: un Peugeot 508 producido en 2013, por la razonable cifra de poco más de 262 mil dólares, al alcance de cualquier cubano medio... Se dice que el objetivo es recaudar fondos para reinvertirlo en el trasporte... simplemente es una burla. ¿Usted no lo cree así o, es que no le agradaría tener uno para el disfrute con su familia?

Sería más práctico para tal recaudación, restablecer nuevamente la lotería nacional, con premios proporcionales, para que una mayor cantidad de personas se beneficien. Con ello no se suben impuestos y es opcional de cada uno, al fin y al cabo, la ciudadanía juega actualmente de forma clandestina.

Si se fomentara la venta de automóviles por el propio Estado -a precios razonables claro- o se permitiese la importación a particulares, las ventajas serían seguramente muy superiores a las posibles desventajas, si es que las hay. Primero el gobierno crecería en la recaudación, desde el propio transporte del vehículo hasta la Isla si lo ejecutase con sus medios, además, el pago de entrada al país en Aduana, la matriculación, la inspección técnica anual y la creación de sistemas de seguros pasando por el incremento de talleres, venta de recambios, disminución del uso del transporte público, creación de nuevos puestos de trabajo y la consiguiente mejora en la calidad de vida en las familias. Igualmente la reducción de emisiones contaminantes, al efectuarse un proceso de reposición progresiva de los viejos coches. Seguramente, se recaudaría más que con la pretendida venta a precios de risa.

Se trata de que la economía se mueva para crear riquezas y, esto, no está reñido con la implementación y/o sostenimiento de políticas sociales, todo lo contrario, porque está fehacientemente probado que sólo con ideas nada se garantiza, salvo las limitaciones y la pobreza. Entonces, ¿por qué no se hace? ¿Por qué a los extranjeros que se instalan en el país si se les permite importar el suyo?, ¿tienen más derechos que los propios nacionales?

La venta selectiva de autos -a precios normales- a médicos, artistas, deportistas y funcionarios, es otra forma de discriminación y exclusión, por cuanto el trabajador normal o el no seleccionado, jamás tendrá esa posibilidad, como tampoco la tendrá alguna persona que, habiendo vivido por un periodo en el exterior y adquirido un vehículo, no tenga posibilidades de regresar a su patria con éste. ¿Es justo esto?

Podría pensarse que el Gobierno actualmente no tiene la infraestructura para ello; pero, ¿por qué no lo permite entonces al capital privado?, ¿por qué no asociarse a productores en la importación y comercialización de los mismos?

Con la llamada "actualización del modelo", se crean Cooperativas de Transporte; pero se les prohíbe importar, qué harán entonces, ¿magia para mantener el parque automotor en activo? ¿Cuál es el temor en dinamizar la economía, dando mayor autonomía a sus actores?

La ejecución de la Autopista Nacional   -con sus dificultades y carencias- ha sido una obra de suma importancia para el presente y futuro, si tenemos en cuenta que desarrollo e infraestructura vial van de la mano. Sin embargo, el estado en general de las vías es malo, se acusa la falta de señalizaciones adecuadas, de huecos en las vías y la falta de cercados laterales en carreteras posibilitan el acceso de animales, con la trágica consecuencia de incontables accidentes y pérdidas humanas en muchos casos.

TRANSPORTE FERROVIARIO

Cuba fue, a finales del año 1837, uno de los primeros países del mundo en contar con ferrocarril, convirtiéndose en el primer país de América Latina en poseerlo y segundo del Continente, justo detrás de EEUU. Básicamente su rápido desarrollo obedecía a intereses privados, fundamentalmente de la industria azucarera. Se produjo un rápido desarrollo de éste y, ya en 1930, se habían construido en total, catorce mil quinientos doce kilómetros de vía, de ellos alrededor del cuarenta y uno por ciento era público. Contaba entonces con unos cincuenta kilómetros de vía por cada mil kilómetros cuadrados, la mayor densidad de América Latina.

Durante la última mitad de la década del setenta y primera del ochenta, se ejecuta un proyecto de reconstrucción de la línea central Habana-Santiago y se adquiere equipamiento nuevo. También en el año 2014 se concluye la línea que une la zona de Mariel con la Capital.

Con la desaparición del socialismo real y las ayudas finacieras a Cuba, se retrocede drásticamente también en el sector. Hoy, en el transporte por FFCC el deterioro y estancamiento son manifiestos, la oferta en transportación de pasajeros es limitadísima, dado el envejecimiento del parque disponible, cuya edad oscila entre cuarenta y sesenta años. Ocurre lo mismo con las vías férreas y su estado de conservación.

Durante todos estos años, no se han realizado las inversiones necesarias para garantizar la ampliación y modernización del sector, no obstante ser tan importante para el traslado no sólo de pasajeros, sino de cargas, puesto que resulta la más económica de las soluciones.

En correspondencia con lo anterior, los tiempos de viaje son excesivos, la falta de puntualidad en el servicio es casi una constante y el deterioro de los vagones y su falta de comodidad es generalizada.

Con la llegada de Raúl Castro a la dirección del país, se observa un mayor interés en la recuperación del sector que la mostrada por su hermano desde el "derrumbe socialista" y que se extendió durante los últimos quince años de su mandato. ¿Lograremos ahora hacer sostenibles los FFCC empleando las mismas fórmulas anteriores?

TRANSPORTE AEREO

En la actualidad, tanto en las líneas que cubren rutas nacionales como internacionales, se manifiestan las limitaciones por falta de disponibilidad de repuestos y recambios, así como escaso acceso y disponibilidad de nuevas tecnologías.

Son evidentes en la aviación cubana, las fallas en su servicio, fundamentalmente originadas por la falta de calidad en la información a los pasajeros, pérdida de equipajes, trato inadecuado tanto en tierra como en las propias aeronaves, impuntualidad en los horarios y falta de confort en sus aviones entre otras. La demora en el servicio de recibo y despacho de clientes en tierra, también es notable. Todas ellas se enmarcan en deficiencias administrativas y de gestión, no precisamente como resultado de falta de recursos financieros y/o carencias materiales.

El calificativo popular a la aviación de la Isla de: "Cubana, si no sale hoy, sale mañana", es el mejor exponente de su eficiencia.

A pesar de haberse construidos nuevos Aeropuertos y remodelar algunos ya existentes al triunfo de 1959, además de haber adquirido nuevos aviones rusos a partir de la ruptura de relaciones con EEUU, la Aviación Cubana, se califica como una de las peores, según apunta el sistema Skytrax, líder en calificación de aerolíneas.

Las Terminales existentes, resultan cada vez más pequeñas para el incremento progresivo de viajeros -lo cual, por una parte es bueno- fundamentalmente originado por el sostenido aumento del turismo. Recientemente se anunció un contrato de ampliación y gestión por compañías Francesas para el Aeropuerto José Martí en la Habana. Se privatiza la gestión después de cincuenta y ocho años de revolución.

Son innegables las consecuencias nocivas que trae para el país el actual bloqueo-embargo de EEUU, incidiendo negativamente tanto en la importación de recambios y tecnología, como en la posibilidad de operar vuelos por la aerolínea cubana hasta territorio norteamericano.

Mención aparte merece el absurdo cobro de equipaje a los nacionales que residen fuera y que viajan a la Isla. Es realmente inconcebible, que después de tener el equipaje en tierra, se cobre por éste, sin haberlo transportado ni realizar ninguna acción adicional al elemental servicio de entrega al pasajero. Esto es único en el mundo. Igualmente, el impuesto de salida del país, el excesivo coste del Pasaporte y sus obligadas prórrogas, constituyen otros absurdos, cuya única finalidad es recaudatoria, la vía más fácil de compensar ineficiencias económicas.

La Aduana es uno de los máximos exponentes de la corrupción imperante. Son constantes las insinuaciones de todo tipo que realizan los trabajadores aeroportuarios a los cubanos que residen en el exterior a su arribo a la Isla y que van, desde pretender que se les pague por agilizar el trámite de salida sin pesar el equipaje, hasta pagar por pasar alguna mercancía ¨**no autorizada**¨. Es una auténtica vergüenza para la nación.

COMUNICACIONES

El desarrollo de la telefonía también comenzó temprano en el país, allá por el año mil ochocientos ochenta y uno, aquí también Cuba fue de los primeros países del Continente. Durante muchos años y hasta el triunfo revolucionario, constituyó un monopolio exclusivo de EEUU.

En 1916, uno de cada 10 teléfonos instalados en América Latina correspondía a Cuba y, La Habana, con 5 teléfonos por 100 habitantes superaba a Madrid, Londres, Paris y cualquier ciudad de Latinoamérica.

En 1958, Cuba ocupaba el tercer lugar en América Latina en la relación de habitantes por teléfonos.

Ya sea por el bloqueo de EEUU o la falta de voluntad por parte del Gobierno Cubano al gravar excesivamente el servicio, lo verdaderamente cierto, es que las llamadas hacia y desde Cuba, resultan las más caras del mundo, afectando directamente la población de la Isla y sus familiares en el extranjero.

Durante todos estos años a partir de 1959, se ha desarrollado y expandido la red telefónica fija y su digitalización, mediante asociación con empresas extranjeras, fundamentalmente italiana, sin embargo, aún la Isla no cuenta con redes modernas y con la capacidad y calidad adecuada, produciéndose cíclicamente afectaciones al servicio. Bajo el nuevo liderazgo de Raúl Castro en el poder, se eliminó en el 2008, la inexplicable prohibición del uso del teléfono móvil por la ciudadanía, hasta entonces restringido su uso sólo para extranjeros y funcionarios. Paralelamente se autorizó también la compra de televisores, ordenadores y aparatos de videos. Toda una conquista gracias al nuevo líder. La contratación de telefonía fija por la población, requiere de autorizaciones especiales para su instalación, incluso en la actualidad.

Poco a poco, con la introducción de la telefonía móvil, y su rápido incremento, prácticamente se va sustituyendo la falta de líneas fijas que, mayoritariamente, no poseen los hogares cubanos.

Uno de los hitos recientes que ha marcado el mundo en su desarrollo y en especial el de las comunicaciones, es la aparición de Internet, donde a través de un simple **"clic",** podemos acceder a casi toda la información acumulada por la humanidad durante siglos, además, abaratando en extremo la simple comunicación entre personas desde cualquier rincón del Mundo.

En Cuba, a partir del año 2014, se vienen instalando puntos de conexión wifi; pero a precios exagerados y en lugares públicos, sin la debida privacidad, calidad y protección; pero bien, algo es más que nada. La tasa de conexión del país es la más baja del hemisferio, con sólo un 5%. Según se ha informado, se espera que para 2020, el cincuenta por ciento de los hogares cuenten con servicio de banda ancha. Veremos.

Los gobernantes cubanos no parecen entender muy bien las ventajas de la red, o mejor, no miran con buenos ojos tal posibilidad. Más allá de los recursos económicos que ello demanda, además de la incidencia del bloqueo de EEUU - que ya no es limitante en este campo- existe una voluntad clara de obstaculizar el acceso de manera libre y sin censura. Detengámonos en las palabras de Machado Ventura

–segundo secretario del Partido Comunista- al referirse a la oferta hecha por Google de instalar torres wifi en toda la Isla, concretamente dijo: **"Todo el mundo sabe por qué en Cuba no hay más Internet, porque ello tiene un alto costo. Existen algunos que nos la quieren dar gratis, pero no lo hacen con el fin de que el pueblo cubano se comunique, sino con el propósito de penetrarnos y hacer trabajo ideológico para lograr una nueva conquista. Tenemos que poseer Internet, pero a nuestra forma, sabiendo que es una intención del imperialismo manejarla como una vía más de destruir a la Revolución". Dicen que cuando la limosna es demasiado grande hasta el pobre desconfía"**.

En línea con este enfoque sobre el libre acceso a la red, el vicepresidente Ramiro Valdés expresó: "**...el constante incremento de los niveles de seguridad de nuestras redes**", ya que "**el potro salvaje de las nuevas tecnologías puede y debe ser dominado**". Huelga comentario.

En realidad, lo que se persigue con el control de acceso a la red -o la denominada red segura por el Gobierno Cubano- no es evitar los peligros derivados de ésta en sí, -como pudieran ser para menores de edad el acoso o la pornografía, además de la propaganda terrorista o relativa al tráfico de drogas entre otros- sino lo que pretenden con absoluta claridad, es no perder el control de las personas y la posibilidad de éstas de acceder a la información, comparar hechos y poder comunicarse entre sí sin la censura gubernamental a la que están sometidos, intercambiando criterios y opiniones libremente.

Internet propiamente no es ninguna amenaza que entrañe peligros, todo lo contrario. El principal peligro que corre el socialismo en Cuba, lo definió su propio líder Fidel Castro cuando manifestó que, "**el mayor riego para la revolución era ser destruida desde dentro**". No le faltó razón, sin embargo, el gobierno cubano sabe que la libre circulación de información actuaría como catalizador al cambio.

Resulta significativo, que para ciertas cosas ya no quieren ser el estado dadivoso y paternalista y, para otras, se aferran a ello con todas sus fuerzas.

No importa si es Google o el propio gobierno el proveedor de la red, siempre será censurada. Esta es la muestra más fehaciente de la terrible debilidad del sistema de gobierno socialista y que sus jefes conocen a la perfección. Se trate de Cuba o cualquier otro país Comunista. ¿Acaso es casual que China y el resto de los gobiernos de corte socialista censuren el acceso a la red en aras de la "protección de sus ciudadanos" de los supuestos peligros que, según ellos, se derivan de ésta? Tal parece el socialismo un enfermo en cuidados intensivos, que, sin defensas, puede morir por el menor soplo de aire fresco. Tan frágil es su estado.

¿Alguien en su sano juicio podrá pensar que en Europa, África, EEUU, Canadá, América Latina, Japón y casi el mundo entero tiene gobiernos irresponsables por garantizar este derecho a sus ciudadanos? ¿Es el pueblo cubano más vulnerable e ignorante que esos pueblos?, ¿no sabrán los padres cubanos mantener fuera del peligro de la red a sus hijos?,

¿Vale la pena sacrificar el acceso a tanto conocimiento y posibilidades de desarrollo -no sólo para los individuos, sino también para las instituciones- sólo por política? ¿Lo cree Ud. así? En el mundo de hoy, de sus 7200 millones de habitantes, están conectados a internet 3300 millones, es decir, el 45.8 % de la población mundial. En Cuba sólo el 5% de sus ciudadanos tienen acceso a la red.

Es evidente a qué temen; pero, ¿No se afirma acaso por el Gobierno y sus principales representantes que la inmensa mayoría de la población apoya el Socialismo?, ¿De qué se preocupan entonces con tanto desvelo?

Según expresa la propia teoría marxista, **"lo nuevo niega lo viejo"**, entonces, ¿podrá Machado Ventura, Ramiro Valdés y el resto de la dirigencia actual, representar el pensamiento y los intereses de la juventud cubana? Sería imprescindible para el desarrollo pleno del país, que no continúen colocando palos en la rueda y que cejen en su empeño de continuar arrastrando los prejuicios de su tiempo, al tiempo de las nuevas generaciones.

SERVICIOS PUBLICOS

Con el último disparo a la propiedad privada durante la ofensiva revolucionaria de 1968, se cerraron los pequeños y medianos negocios. No sobrevivieron ni las barberías. El Estado se adueñaba y responsabilizaba de los mismos, comenzando desde entonces la andadura por el largo camino de: **" las dificultades objetivas y subjetivas"**, argumentadas por todos los funcionarios como respuesta a la ineficiencias propias generalizadas. Todos los servicios pasaron a ser Públicos, el salario normado y, con ello, el consiguiente deterioro en la atención. Muchas actividades llegaron incluso a desaparecer, por ejemplo: las lavanderías y tintorerías, hoy existen ciudades que no cuentan con ninguna. La historia es conocida.

Por fortuna, con las nuevas medidas obligadas por la necesidad de supervivencia del régimen, Raúl Castro ha autorizando el desempeño de la propiedad privada o cooperativa en estos servicios, se ha devuelto parte de la sensatez y se comienza a percibir nuevamente la recuperación de la calidad y el trato adecuado en éstos. ¿Se equivocaron en 1968? Duró más de cuarenta años el error.

En el resto de las prestaciones públicas que brinda el Estado -a través de sus instituciones-puede afirmarse casi de manera inequívoca, que presentan deficiencias y resultan engorrosas para el ciudadano.

El tema de los servicios públicos en ocasiones adquiere ribetes dramáticos. Los empleados públicos en cualquier instancia, no escapan al desgano, la falta de amabilidad, la baja productividad en su trabajo, las ausencias de sus puestos -por razones personales en pleno horario de atención al público- o la recurrente falta de fluido eléctrico y carencias materiales de todo tipo. Todo ello conforma el panorama actual.

Casi con total seguridad, se podría afirmar que si no se tiene un "contacto", o se logre el interés del encargado del asunto mediante el soborno   - desgraciadamente cada vez más extendido- un simple trámite demore horas, o completar los requisitos para determinada gestión nos lleve días.

La legalización para ampliar la vivienda, el asentamiento de una propiedad en el Registro, la solicitud de permisos varios, las tramitaciones en el Ministerio de Justicia y la ONAT, el envío de paquetería por correos -tanto dentro del territorio nacional, como desde el extranjero, entre otras, son esferas señaladas por la población como ineficientes y de muy mala calidad.

Igualmente sucede con otros servicios. Para la solución de cualquier fuga en una tubería, se trate de gas, agua potable o albañales, la solución puede tardar días o semanas en el peor de los casos. El trabajo de Comunales deja muchísimo que desear. El servicio de correo nauta, es deficiente.

Parece muy distante aún, la realización de trámites a través de la red y desde la comodidad del hogar.

CAPÍTULO V

CULTURA Y RECREACION

A partir de la frase lapidaria de Fidel Castro a los Intelectuales cubanos: **"...dentro de la Revolución todo, contra la revolución nada..."**, nacía el nuevo concepto que, necesariamente, habría de abrazarse por los intelectuales de todas las disciplinas artísticas, absolutamente todas! Este principio impuesto, les ha acompañado en este largo viaje hasta nuestros días. Casi seis décadas.

Sólo es posible para cualquier intelectual cubano a partir de entonces, aceptarlo por convicción, acatarlo por conveniencia, o apartarse por voluntad propia o imperativa de los que controlan el estricto cumplimiento de su contenido.

Si bien es cierto que el nuevo Estado ha realizado múltiples acciones en beneficio del ámbito cultural y artístico, como la creación de la Orquesta Sinfónica, reestructuración del Ballet Nacional y estructuración del Teatro Nacional, además de la fundación del ICAIC, la UNEAC, el Instituto Superior de Arte, Escuela Latinoamericana de Cine, entre otras. También circunscribió toda manifestación dentro de éstas, a la observancia rigurosa de dicho principio. A partir de entonces, la censura gubernamental se encargaría de corregir cualquier manifestación contraria a la definición del líder.

Aprovechando precisamente el alcance e impacto de toda manifestación artística y, muy especialmente los medios de difusión masiva, se completa a través de éstos, el programa de manipulación ideológica, - o sea, el más riguroso y ferreo adoctrinamiento a la población- paralelamente es implementada también en todos los niveles de enseñanza. Todo ha sido previsto, en teoría al menos, para condicionar la mente de las nuevas generaciones, a la adopción del socialismo como el patrón ideológico de la sociaedad. La propaganda conquista la televisión, la radio y la prensa escrita como sus baluartes prioritarios.

Todo tipo de manifestación, incluso, cuya única finalidad sea la de simplemente recrear o entretener para hacernos reír y pasar un rato agradable, debe ajustarse igualmente a los patrones permitidos. El estrecho corsé, como no podría ser de otra forma, prohíbe la sátira directa a políticos y sus políticas.

Se cierra así, toda posibilidad, a cualquier otra alternativa que salga del camino señalado. "Es esta cultura -única posible- la que constituye la nueva cultura revolucionaria".

En el ámbito cultural, no se ha logrado la participación deseada por parte del gran público, con independencia de disponer de unas 120 galerías de arte, salones de artes plásticas y unos 260 museos de distintas manifestaciones.

La Isla cuenta también con una cantidad significativa de teatros. En realidad, la mayoría de la población prioriza otras actividades, motivado quizás por las acuciantes necesidades que padece, el bajo poder adquisitivo y las dificultades para transportarse, todo ello unido a la degeneración de valores de las últimas décadas. Sería deseable, una mayor promoción sobre el disfrute de la cultura y la creación de hábitos y sensibilidades.

En Centros como el cabaret Tropicana, la inmensa mayoría del pueblo no tiene posibilidad de acceder por su elevadísimo precio.

Es de destacar sin embargo, la ejecución y/o adaptación de alrededor de setenta centros para el ocio, que se integran en la red de los llamados ¨Campismo Popular¨, son una opción para el disfrute de la población, aunque su oferta y servicios sean limitados de acuerdo al potencial de demanda. Es una opción bajo costo; pero siempre necesaria. La creación de determinadas áreas -fundamentalmente en playas- autorizadas a sectores y empresas para uso en periodo vacacional por sus trabajadores, es igualmente un acierto. Cuba es bella de principio a fin.

Mención especial merece la exclusión de la que, hasta hace muy poco, era objeto la población residente en la Isla, al negársele el acceso a hoteles y determinados centros turísticos.

Ha sido humillante, arribar a las puertas de uno de estos centros, y pretender disfrutar de la simple experiencia de un paseo en yate en compañía de la familia   -en alguno de ellos que ofertan dicho servicio- y escuchar aquello de: **"usted sí; pero ellos no"**, refiriéndose a los excluidos nacionales. No hay palabras ni explicación convincente sobre esta arbitraria exclusión.

Hoy, una vez eliminada la absurda prohibición, cada vez son más los cubanos que disfrutan de las capacidades hoteleras, hecho fundamentado en dos razones, el primero, debido al incremento de ingresos proveniente del trabajo por cuenta propia y, en segundo lugar, a las remesas familiares. Ello patentiza las enormes posibilidades de lo que podría ser, y será sin dudas algún día, la futura Cuba, cuando todos los cubanos -los de dentro y los de fuera- unan sus esfuerzos y trabajen juntos, sin trabas, por la prosperidad de la nación.

En cuanto al cine -una de las más populares manifestaciones artísticas- es lamentable el estado ruinoso -tanto en su exterior como en su interior- de los que aún se mantienen en pie, sea en la Capital, o en el resto del país. Hay ciudades cabeceras de Provincias, donde en la actualidad no queda ninguna Sala de Proyección en activo. Recordemos que La habana llegó a tener más cines que Nueva York o París. En 1959 existían ciento treinta y cuatro cines sólo en la Capital. Entonces Cuba ocupaba el segundo lugar en América Latina en la relación de salas de cine por cantidad de habitantes. En 1957, la Habana se convierte en la segunda ciudad mundial en tener proyección en 3D.

La exhibición de películas de forma privada con fines comerciales está en la actualidad totalmente prohibida. ¿Por qué? ¿Quién responde y explica las prohibiciones? Nadie...

Uno de los medios de mayor alcance como la televisión, ofrece una programación aburrida y deficiente, absolutamente politizada, dedica más tiempo a la propaganda ideológica, que a la divulgación propiamente de la cultura y a la promoción del interés cultural en la población. En un medio tan asequible y popular, no se logra cumplir con las expectativas de la población, que recurre a opciones foráneas para satisfacer estas necesidades.

Se escandaliza Abel Prieto -Ministro de Cultura- con el llamado **"paquete"**; que llega de EEUU; pero... ¿qué ofertas de entretenimiento se pueden encontrar en los medios nacionales? ¿No sería de sentido común escuchar la gente antes de imponer concepciones y sobre todo criterios desde **"arriba"?.** ¿Será posible algún día descargar y leer un e-book desde Amazon u otra plataforma digital, o recibir un libro en papel sin que sea censurado o considerado subversivo y decomisado en la Aduana?

Son conocidas las prohibiciones durante todos estos años a interpretes, escritores, artistas de cine y teatro, o a cualquier expresión artística que se oponga abiertamente a la ideología comunista, o realicen críticas sobre ella, condenando al mayor ostracismo, tanto a las personas, como a sus obras. Se han desconocido glorias del arte cubano. No vale la pena abundar en ello, por prohibir, hasta se prohibieron los concursos de belleza y la elección de la Reina del Carnaval en 1974, alegando que eran discriminatorios y humillantes para la mujer....

En el caso de la prensa escrita, a decir de un amigo de la Revolución y declarado socialista, ex-guerrillero y ex presidente Uruguayo, -José Mújica- refiriéndose a las publicaciones del periódico revolucionario, Granma entre otros -única prensa que es permitida por el gobierno- manifestó: **"no se puede leer, es irresistible. No se puede leer por aburrimiento."** Muy ilustrativo.

El Granma, "Órgano Oficial de Partido Comunista" y toda la prensa actual, obedece evidentemente a los intereses del Partido, que a su vez, se dice representante absoluto de todo el pueblo. No es de extrañar bajo este razonamiento, que a ella sólo tengan acceso los redactores que se identifican o, al menos, dicen identificarse, con este esquema. Resulta pues obvio, que nadie con un criterio diferente, incluso sin llegar a la oposición total, logre encontrar espacios de expresión en ella, alegándose que no representaría a la población. Visto así, parece coherente según sus propios conceptos; porque en todo caso, pueblo para ellos será aquel que es socialista, nadie que tenga opiniones diferentes

-léase apátridas, gusanos, contrarrevolucionarios, escoria, mercenarios,   o cualquier otro descalificativo de su repertorio- independientemente que estén dentro o fuera del país, lo es.

Sin embargo, lo que no parece muy coherente, es que la información brindada a través de estos medios de difusión

-para quienes les apoyan y son considerados: verdadero pueblo- no incluye tampoco los problemas y necesidades que a éstos les importan de verdad y les afectan, de una manera transparente y objetiva. Parece más bien ocupada en que, **"los malos"**, no se enteren de las dificultades y deficiencias de **"los buenos"**. Craso error pensar que la población tiene, necesariamente, intereses coincidentes con los gobernantes. En modo alguno la prensa cubana cumple con la máxima martiana de que **"la palabra es para enunciar la verdad, no para ocultarla"**.

En la clausura de la Asamblea de balance anual de la Delegación Ramal de Prensa Escrita, de la Unión de Periodistas de Cuba, presidida por Díaz Canel,

-vicepresidente primero del gobierno- varias intervenciones de los presentes denotan el estado de la misma. Baste señalar algunos ejemplos.

La periodista Delia Reyes García, de la revista Bohemia, se refirió a lo que según ella, son las tres antinomias del periodismo cubano: **"el secretismo, ausencia de una Ley de Prensa y el alejamiento de la agenda mediática de lo que dice el pueblo, elementos que laceran la credibilidad de nuestros medios".**

El subdirector del diario Juventud Rebelde dijo: "(...) **que la gente no encuentra su relación con el medio"(...)**

El funcionario del Comité Central del Partido, Enrique Villuendas, afirmó **" que a los jóvenes no hay porque cortarles las alas, hay que ayudarlos a volar con la Revolución, hay que comunicar y darle a la población información sobre lo que sucede".**

Para concluir la idea, señalo las palabras de Raúl Castro en la clausura del Sexto Período Ordinario de Sesiones de la Séptima Legislatura de la Asamblea Nacional del Poder Popular, el 18 de diciembre de 2010, entonces dijo: **" No hay que temerle a las discrepancias de criterios, (...) las diferencias de opiniones, expresadas preferiblemente en lugar, tiempo y forma, o sea, en el lugar adecuado, en el momento oportuno y de forma correcta, siempre serán más deseables a la falsa unanimidad basada en la simulación y el oportunismo. Es por demás un derecho del que no se debe privar a nadie. Mientras más ideas seamos capaces de provocar en el análisis de un problema, más cerca estaremos de su solución apropiada".**

Todo lo manifestado por estos representantes de la propia prensa y del Estado, corroboran que durante cincuenta y ocho años, la prensa cubana ha practicado el secretismo y la autocensura, alejándose de los verdaderos problemas y opiniones del pueblo y, además, por si esto fuera poco, negándole la información real de los hechos, tanto nacionales como extranjeros. Casi nada, para los que dicen ser sus representantes. Habríamos de preguntarnos: ¿cuál es el lugar y momento adecuado y, quién puede formular la crítica según Castro? Todo parece indicar que el Gobierno, se refiere a críticas entre revolucionarios, a los que no se les debe privar de ese derecho. Muy democrático.

La veracidad, seriedad y profesionalidad, ha sido sustituida por la asfixiante propaganda ideológica, la censura y el triunfalismo entre otros males, todo ello presentado con una pésima calidad periodística. ¿Acaso están desmotivados todos los periodistas?

Lo mismo sucede con la radio, la televisión y cuantos medios de divulgación operan en la Isla. Teniendo su máxima expresión, en el programa televisivo conocido como ¨Mesa Redonda¨, cuyo conductor es uno de los más abyectos y repugnantes voceros de Sistema. Sin comentarios….

Pero…,¿cómo es posible que abogando por la eliminación de tales prácticas, dando alas a los jóvenes y considerando que la discrepancia es un derecho del que no se debe privar a nadie, no se permiten otras alternativas en la información?, ¿cuándo van a dar posibilidades a más ideas para acercarnos a la solución?

Es vergonzoso, que por publicar las palabras de la subdirectora del periódico Granma, el joven José Ramírez Pantoja haya sido despedido. Es que ni siquiera el conocimiento de lo que sus propios representantes manifiestan, le es permitido saber al "heroico pueblo". ¿Es esta la justicia y transparencia socialista? Sin embargo, lo que sí debió haber ocurrido, habría sido la discusión transparente y amplia del contenido de sus palabras. Hay un hecho cierto, ella piensa así, nadie lo va a cambiar. ¿Cuántos pensarán como ella y no se atreven a plantearlo? ¿Hasta cuándo se practicará la huida hacia adelante?

Cómo interpretar las siguientes palabras de Raúl Castro ante el hecho narrado anteriormente al anunciar que: "(...) **Es preciso poner sobre la mesa toda la información y los argumentos que fundamentan cada decisión y de paso, suprimir el exceso de secretismo a que nos habituamos durante más de 50 años de cerco enemigo. Siempre un Estado tendrá que mantener en lógico secreto algunos asuntos, eso es algo que nadie discute, pero no las cuestiones que definen el curso político y económico de la nación (...) "**

Una Prensa que investigue, que esclarezca, que sea veraz, profesional y seria, ayudaría más al propio Gobierno y ganaría la confianza del pueblo, en lugar de generar desprecio y burla. Recordemos aquello de: "si quieres productos del agro, espera al noticiero de televisión".

Es obvio que la premisa de mayor prioridad para comenzar un verdadero cambio,
-imprescindible para el desarrollo social, político y económico- deberá ser la eliminación de la simulación y la doble moral, no como consigna, sino como hecho consumado, donde todos los ciudadanos de la nación, puedan expresarse honesta y libremente, comenzando por sus gobernantes, que además, deben garantizar esas libertades a todos los ciudadanos.

Desgraciadamente, las señales no son precisamente alentadoras, no ha habido ni una sola muestra de predisposición para escuchar otras opiniones, no nos llamemos a engaño, nunca va a ser posible con este Gobierno **"-que dice ser baluarte de justicia e igualdad"-** que se permita la libre opinión, la discrepancia para aquellos que no comparten sus mismas ideas. No cejarán de acusar a los periodistas independientes de mercenarios, pagados por el imperio y reprimirles con total contundencia.

78

Sí, les continuarán privando de ese derecho, a diferencia de lo que dijo Raúl Castro. Es su única forma de supervivencia actual.

Me pregunto, ¿alguien que se respete, puede sostener la afirmación de que esta manera de gobernar es democrática y justa, donde sólo puedan tener voz los que están de acuerdo?, ¿qué tipo de discrepancia es permitida entonces?

En 1959, existían en la Isla 160 emisoras de radio -tercer lugar en Latinoamérica- en canales de televisión -el mismo lugar con 23 canales- en habitantes por televisores ocupaba el primer lugar y en habitantes por radio-receptores el segundo lugar. Circulaban entonces cincuenta y ocho periódicos -tercer lugar en Latinoamérica- en el número de ejemplares impresos por cada mil habitantes, también ocupaban el tercer lugar. Era el tercer país en cantidad de Bibliotecas en América Latina.

Cincuenta y ocho años después, circula el Granma y Juventud Rebelde básicamente, el resto ni mencionarlas. Total... ¿para qué más? Si la idea y el mensaje son únicos, llega por todas las vías. No hacen falta más.

De seguro no faltará quien argumente, apasionadamente, que aquellos medios de aquellos tiempos pre revolucionario, respondían al poder del capital y ciertos círculos políticos, y, que no representaban al pueblo. En parte **en algunos casos así era, pero...** ¿a **quién** responden los actuales sino es a un poder político -por demás excluyente- con el agravante que, según ellos mismos reconocen, no han informado de forma veraz y

transparente a ese mismo pueblo?

CAPÍTULO VI

LIBERTADES, JUSTICIA Y DERECHOS

En la entrevista concedida por Barak Obama y Raúl Castro, en ocasión de la visita a Cuba del Presidente norteamericano y, como respuesta a la pregunta formulada por un periodista en relación a los Derechos Humanos, Castro expresó:

-visiblemente nervioso- que ningún país del mundo cumplía con todos los DDHH, insinuando que, lógicamente, Cuba no tenía porque ser la excepción.

Especialmente preocupante es que el principal líder de la Nación, invoque el incumplimiento ajeno para justificar el propio. Mal de muchos consuelo de tontos, o no...Según se mire en este caso. ¿Cómo interpretar el hecho de que se empleen niños en un acto público, para destrozar ejemplares de la Declaración de Derechos Humanos en un país que se autoproclama de justicia y libertad?

Con toda seguridad, lo más responsable y honesto para un Presidente en relación a este tema, es trabajar por la total aplicación de todos y cada uno de los derechos recogidos en la Declaración Universal -haciendo el mayor esfuerzo por su cumplimiento- además de constituir éste, un imperativo del mandato que supuestamente, le otorga su pueblo, único garante de la soberanía nacional.

Vale la pena, detenernos en los derechos fundamentales que recoge dicha Declaración y, que en su enunciado principal, lo proclama como: **"(...) ideal común por el que todos los pueblos y naciones deben esforzarse, a fin de que tanto los individuos como las instituciones, inspirándose constantemente en ella, promuevan, mediante la enseñanza y la educación, el respeto a estos derechos y libertades, y aseguren, por medidas progresivas de carácter nacional e internacional, su reconocimiento y aplicación universales y efectivos,**

tanto entre los pueblos de los Estados Miembros, como entre los de los territorios colocados bajo su jurisdicción".

En mi opinión, de los treinta artículos en que se fundamenta la Declaración, en la Isla se cumplen positivamente seis, parcialmente diez y decididamente no se cumplen catorce. El propio socialismo de por sí, -tal y como se aplica en los países Comunistas- ya excluye un grupo de ellos, al no considerarlos como derechos del ciudadano tal y como los recoge la Declaración. Al final del texto, encontrará la relación íntegra de los mismos, acompañada de un cuestionario que le facilitará su propia valoración al respecto.

Los derechos y deberes en general para cualquier país, son garantizados mediante la ley y los Tribunales, como garantes de su estricto cumplimiento. Siendo la Constitución, la ley Primera de cada Nación.

Resulta pues necesario, al menos en teoría, que jueces y fiscales no tengan filiación política, apegándose sólo al contenido de las leyes en la administración de justicia, bajo la observancia de principios éticos y de responsabilidad, que asumen bajo juramento.

La Constitución aprobada en 1940 -cuya desaparición definitiva se produce con la nueva de 1976- constituyó una de las más avanzadas de la época según muchos expertos. Consideraba entre otros, el derecho a un empleo digno, un salario mínimo, jornada máxima de ocho horas, vacaciones pagadas, derecho de huelga, libre sindicalización, seguros sociales contra el desempleo, la invalidez, la vejez, además de garantizar la libertad de expresión, de reunión y de asociación política, como derechos de cada individuo. Reconocía igualmente, el derecho a la propiedad privada sobre los medios de producción y la separación de los tres poderes del Estado entre otras.

En la nueva Constitución aprobada en 1976 y modificada posteriormente en 1992 y 2002, se refrenda el carácter irrevocable del Socialismo Cubano, aunque se contradice en sí misma, al afirmar en su artículo primero lo siguiente: **(...) para el disfrute de la libertad política, la justicia social, el bienestar individual y colectivo (...).** ¿Qué se entiende aquí entonces por la libertad política? Lo cierto es que no hay espacio para otras opciones ideológicas, ni otro tipo de Gobierno posible. De igual forma, sustituye la propiedad privada sobre los medios de producción, por la propiedad social, supuestamente de todo el pueblo sobre éstos.

Elimina la posibilidad de medios de prensa y/o comunicación de forma independiente al Estado, debiendo ser todos de propiedad estatal y para el empleo, sólo, en favor del socialismo. Muy democrática no parece ser esta Constitución.

En su artículo 54 recoge que: **"Los derechos de reunión, manifestación y asociación son ejercidos por los trabajadores, manuales e intelectuales, los campesinos, las mujeres, los estudiantes y demás sectores del pueblo trabajador, para lo cual disponen de los medios necesarios a tales fines. Las organizaciones de masas y sociales disponen de todas las facilidades para el desenvolvimiento de dichas actividades en las que sus miembros gozan de la más amplia libertad de palabra y opinión, basadas en el derecho irrestricto a la iniciativa y a la crítica."**

Resulta obvio, que fuera de las llamadas organizaciones de masas, no existen estos derechos. Tampoco para el ejercicio de la abogacía de manera independiente al Gobierno. Aquellos que se salten la norma, serán acusados de enemigos y traidores pagados por el Imperio. Así de simple. Nada que ver con aquella frase de Martí que reza: **"Libertad es el derecho que todo hombre tiene a ser honrado y a pensar y a hablar sin hipocresía".**

Es interesante el enunciado del artículo 68 del Capítulo IX, dice: **a) todos los órganos representativos de poder del Estado son electivos y renovables.** Sin embargo, en su artículo 5, se determina que el Partido Comunista es la fuerza superior de la Sociedad -es decir, quien verdaderamente ostenta el poder real- y sin embargo, éste no se elige popularmente. Entonces, aquí tampoco aparece la democracia.

Queda claro pues, que el líder y su Buró Político, rigen los destinos de la Nación, siendo el Parlamento, un mero instrumento a su servicio, una simulación, que siempre aprueba por unanimidad. ¿Alguien cree que los cambios actuales en la economía -por ejemplo- son iniciativas parlamentarias? ¿Son acaso, iniciativas del pueblo o, incluso, de las organizaciones de base del propio Partido Comunista? En la Cuba Socialista, tanto los Fiscales como también los Jueces, se estructuran en los denominados "Tribunales Revolucionarios", con lo que, de hecho, ya adquieren una clara adhesión ideológica. Su actuación en todo caso, quedará supeditada a su ideario político, por tanto, el concepto de justicia, quedará en entredicho cuando menos…

Casi todos sus integrantes, son militantes del Partido Comunista y por tanto, cualquier reclamación en cualquier instancia de justicia, encontrará la misma composición, se trate de jueces o fiscales. ¿A quién reclamar entonces y encontrar imparcialidad? No me refiero al delito común -el ladrón y el asesino deben y tienen que ser juzgados con severidad en cualquier país del mundo -pero incluso éstos, merecen garantías procesales- me refiero en particular a aquellos supuestos delitos que en un Estado Democrático, constituyen derechos, y, opuestamente en Cuba, son considerados como actividad delictiva según la legislación.

Llama la atención por ejemplo, que la ley desautorice puntualmente el derecho a reunión o asociación -fuera de las organizaciones de masa, como recoge la Constitución-pero no se oponga a los llamados "Actos de Repudio", que atenta sobre los derechos individuales, ello constituye, en todos los sentidos, una de las manifestaciones más denigrantes que pueda ser tolerada en una sociedad civilizada. Se usa la intimidación, la humillación y la violencia como arma política.

Es público y notorio, que Cándido Palmero -jefe del Contingente Blas Roca en aquel entonces- en ocasión del llamado "maleconazo", se jactaba de haber recibido una llamada del propio Fidel Castro, para que organizara sus aguerridas huestes, armadas con estacas de la construcción, y ripostara la agresión de quienes protestaban en el litoral, presentándolo como parte del mismo pueblo que se enfrentaba, "con decisión y valentía", a los ciudadanos que pacíficamente protestaban en la calle. ¿Este socialismo cubano, tiene algo de convivencia civilizada?

En su alegato durante el juicio por el asalto al cuartel Moncada, Fidel Castro expresó como parte de su defensa: ..."**Mientras un pueblo se ve forzado a obedecer y obedece, hace bien, tan pronto pueda sacudir el yugo y lo sacude, hace mejor, recuperando su libertad por el mismo derecho que se la han quitado. El más fuerte no es nunca suficientemente fuerte para ser siempre el amo, sino transforma la fuerza en deber, (...) Ceder a la fuerza es un acto de necesidad, no de voluntad. (...) Renunciar a la libertad es renunciar a la calidad del hombre, a los derechos de la humanidad, incluso a sus deberes (...)** más adelante apuntaba, refiriéndose a la Declaración Francesa de los Derechos del Hombre (...) "**Cuando el Gobierno viola los derechos del pueblo, la insurrección es para éste, el más sagrado de los derechos y el más imperioso de los deberes. Cuando una persona se apodera de la soberanía, debe ser condenada a muerte por los hombres libres**". ¿Cómo es posible, que un hombre con un convencimiento tan profundo de los valores de libertad, derechos y poderes constitucionales, haya transitado una senda tan opuesta a esas convicciones, una vez alcanzado el poder? Quizás algún día lo sepamos, o tal vez no...

Pero, veamos detenidamente de que derechos y libertades han podido disfrutar durante el mandato de este mismo líder que, con tanta vehemencia, se pronunciaba en su defensa. Durante más de cinco décadas, los cubanos no han tenido derecho a: hospedarse en un hotel, cambiar el domicilio a voluntad, ser verdaderos propietarios de la vivienda que ocupan y poder venderla o comprar otra, vender el vehículo o comprar otro, opinar libremente, formar una asociación independiente al Estado, tener una prensa al margen de la estatal, realizar una huelga como protesta sin ser repelida, practicar una religión sin ser visto como algo reprobable durante muchos años, evitar ser enviados a campos de trabajo contra su voluntad, usar un teléfono móvil, declinar que sus hijos se eduquen sin el agobiante adoctrinamiento, poder elegir libremente un presidente, evitar la carencia crónica de alimentos y medicinas, evitar ser enviados a una guerra en otro Continente que en nada les concierne, evitar la práctica de una doble moral como medio de protección y defensa, evitar ser despojados del derecho al voto si se abandona el país, incluso, a abandonarlo en paz, tener la posibilidad de apreciar la obra de un artista nacional o extranjero por ser censurado por el Estado, la posibilidad de adquirir materiales para construir o reparar la vivienda, ejecutar una piscina en nuestro hogar aún teniendo la propiedad del terreno y condiciones para ello, vender una plaza de garaje teniendo la propiedad de la misma, emprender un negocio y ampliarlo si es viable, acumular riquezas según el trabajo y mérito propio sin que sean sometidas al escrutinio estatal y que éste decida los límites que autoriza, tener personalidad jurídica siendo autónomo o una pequeña empresa privada y participar como igual en proyectos de inversión dentro de la

Isla, tener acceso a la libre información, tener acceso a internet libremente y sin censura, disfrutar de precios adecuados en las llamadas internacionales, tener un sistema de transporte adecuado y de calidad, evitar el deterioro de las edificaciones y el entorno en el lugar donde habitamos por falta de mantenimiento, tener servicios públicos de calidad y sin el terrible burocratismo o el obligado soborno en muchos casos, importar bienes como persona natural, viajar a otro país libremente, devengar un salario que les permita vivir decorosamente, evitar el odio y la violencia sólo por pensar de manera diferente, evitar que se vete la entrada de personas a su propia Patria y se les impida, a discreción, disfrutar del derecho a tomar partido en la vida política, cultural y económica en el país que les vio nacer, tener una propiedad en la Isla si se vive fuera de ella, contar con instancias de justicia apolíticas, evitar que le sean confiscados libros y medios al entrar al país según el parecer de las autoridades, no ser espiados y amenazados constantemente por tener ideas diferentes, participar activamente en la ejecución de presupuestos y acciones que representan una prioridad real para los vecinos en las comunidades, ser contratados directamente por una empresa extranjera, no participar en una manifestación sin ser señalados en el centro de trabajo, evitar que el Estado administre el salario devengado cuando se realiza un trabajo en el exterior, percibir un salario en correspondencia con el coste de la vida y que permita el acceso adecuado a las necesidades básicas, opinar para cambiar el fracaso catastrófico en la economía del país, entre otras muchas ausencias de derechos. Con razón aquel chiste cubano que dice: Cuba es el país de las prohibiciones y, sólo son propietarios del cepillo de dientes que usan.

Ciertamente, se tiene derecho a la Salud, la Educación y el Deporte gratuitas, con las observaciones hechas anteriormente en cada caso, en teoría, y solo en teoría, no se discrimina por raza o religión; la mujer se protege y participa activa e igualitariamente en la sociedad - recibiendo igual salario por igual trabajo que el hombre- al igual que la niñez, además existe seguridad y paz para la ciudadanía, de hecho la ONU ha reconocido que Cuba registra uno de los índices de criminalidad más bajos de la región; pero...¿Acaso no es posible obtener todos los derechos y libertades manteniendo la salud, la educación y el resto de **"derechos conquistados"?**, ¿por qué otros lo logran, siendo lo normal en la mayoría de países occidentales?, ¿es necesario sacrificar todo lo demás sólo para tener esto, o, es sólo lo que les cuentan?, ¿vale la pena esta forma de Socialismo, o sería mejor un Estado de Derecho, con todas las imperfecciones que sabemos existen en él; pero también con sus ventajas?. Quizás se trata de escoger lo menos malo.

Suele ser lo más común cuando se habla de los problemas y limitaciones que tiene Cuba -especialmente con alguien que se considera defensor del Socialismo- que, inmediatamente comience a ejemplificar las dificultades existentes en otros países -EEUU el primero obviamente- pero, hay que entender, que no se trata de ver que tiene peor que los cubanos el vecino, se trata de ver si ellos tienen todo a lo que pueden aspirar como pueblo, y, además, lo más importante, qué hacen para conseguirlo y cómo. Si la Cuba de hace casi sesenta años, con los grandes problemas conocidos de entonces, ocupaba un lugar muy destacado en América Latina, ¿cuál sería su lugar si desatara todo su potencial -en gran parte gracias a la formación de técnicos y profesionales durante la revolución- tanto de los cubanos de dentro del país, como los que viven fuera de éste? Habría sido meritoria una de las reflexiones de Fidel Castro en relación a este tema. Me gustaría creer sinceramente, que al igual que muchos cubanos entregaron lo mejor de sí en favor de la revolución durante largos años - hasta convencerse de su inviabilidad- a los líderes también realmente les animaban iguales propósitos y, que soñaban con cambiar el mundo, pensando que valía la pena sacrificar su pueblo durante un tiempo, para, al final, disfrutar del bienestar soñado. Quizás parezca esta forma de pensar bastante inocente, sobre todo por los antecedentes de las propias manifestaciones de los líderes -algunas de ellas antecediendo incluso la victoria del 1° de Enero del 59- y por su forma posterior de actuar, manteniendo siempre la mayor reserva sobre sus vidas privadas, fuera del comportamiento normal y cotidiano de otros mandatarios.

No cabe ninguna duda, del uso magistral que realizó Fidel Castro de su oratoria, poder de convencimiento, carisma e inteligencia para lograr sus objetivos y mantener una mayoría durante muchos años. Sólo el descalabro absoluto de la nación fue capaz de desacreditarle. En la búsqueda de la verdad sobre su verdadera naturaleza, quizás ayude la lectura del libro "La vida oculta de Fidel Castro", revelada por un testigo de excepción, Juan Reinaldo Sánchez, quien durante diecisiete años permaneció junto a Fidel Castro como parte de su escolta. No sería muy lógico pensar que todo lo que dice este hombre sea mentira y que sólo es producto de su imaginación para dañar al líder ¿no?

De todas formas, estoy dispuesto a otorgarles durante las primeras décadas

-incluso hasta la caída de la URRS- el beneficio de la duda. Quizás pensaron que el subsidio sería eterno.

Ahora bien, lo que si resulta imperdonable e inadmisible -no sólo por parte de Fidel Castro, sino de Raúl y toda la clase alta con poder de opinión- es el hecho de haber sacrificado y continuar haciéndolo, su propio pueblo, una vez demostrado el rotundo fracaso del sistema político establecido por ellos, con un empecinamiento absurdo en sus propias ideas políticas y, más que ello incluso, evitar a toda costa la rectificación seria, profunda y responsable de la economía, para que posibilite la creación verdadera de riquezas y llevar al país por la senda del desarrollo y el bienestar progresivo, argumentándose paradójicamente, que no se realizan dichos cambios en defensa precisamente de la ciudadanía.

Con el advenimiento de la Revolución, su política "paternalista" -según sus propios líderes- y sus progresivas medidas en interés de las clases más pobres, fue desapareciendo en la población el conocimiento de las leyes y, dolorosamente, también el interés por su cumplimiento - sólo hay una cosa clara, NO a la contrarrevolución, esto sí es fatal, lo demás, con algo de suerte, es más o menos evitable, de esta manera han florecido todo tipo de ilegalidades, que ahora se empeña el gobierno en reordenar con el nuevo líder.

Sin embargo, pese al empeño evidenciado por reconducir el país hacia el reconocimiento y respecto a la ley y, la intransigencia con las ilegalidades,   -después de haberlas permitido- aún resta mucho trabajo para acercar la ciudadanía a lo necesario en esta materia, se requerirá formación y una amplia promoción al respecto.

Resulta igualmente imprescindible, la realización de un reordenamiento jurídico, con una concepción moderna, amplia y actualizada, que considere no sólo los pequeños cambios que se ponen en marcha en la actualidad, sino que preparen al país para los cambios venideros, que los habrá sin dudas. En materia jurídica, como en casi todo lo demás, es hora de integrarse al mundo y hablar su mismo lenguaje, si realmente se desea pertenecer a éste.

En ocasiones, se ponen en práctica cambios, sin siquiera estar respaldados previamente por ley. Además, se encuentran con frecuencia términos ambiguos en la legislación, quedando a la interpretación administrativa o judicial, según el caso. Se trataría, con voluntad y sentido común, de organizar el país y adecuarlo a las prácticas universalmente aceptadas, hacerlo normal. Cuba pertenece a occidente, sus habitantes piensan y pensarán condicionados por ello.

La Isla ha permanecido anclada en el tiempo en todos los sentidos. Si como todo apunta quiere integrarse a la realidad del entorno, es imperativo actual retomar el flujo de tecnologías, cultura, arte, modas, comercio, en una palabra, estar a tono con el mundo, sin perder lo autóctono. Todo ello debe contar con una seguridad jurídica, que ofrezca confianza y garantías para todos y que, considere en primer término, la amplia participación de la sociedad cubana; pero de todos los cubanos, no de una parte de ellos. Hay que cambiar la mentalidad de que todo debe hacerse sin prisa, sería más aconsejable apelar al viejo refrán, "mejor pasarse que no llegar". Ya se han equivocado bastante.

Está claro el camino del éxito, solo falta ponerse en marcha. No creo que sea imprescindible inicialmente un cambio de gobierno para ello, basta con que el actual tenga la voluntad de llevarlo adelante, incluso, cuenta a su favor con factores beneficiosos, como la estabilidad, estructuras y experiencia administrativa. El futuro se iría rediseñando en la misma medida que la eficacia y libertad vaya poniendo a cada uno en su lugar. La cuestión es: ¿serían capaces de tamaña prueba de desinterés personal, en aras de sacar adelante su propio pueblo? Es inevitable que si ellos no lo hacen   -dejando escapar su única oportunidad de reivindicación histórica- habrá de lograrse de otra manera por el propio pueblo.

A la población le son ajenos

-por ejemplo- los conceptos de Responsabilidad Civil, indemnizaciones, Seguros, etc. La ESEN   - empresa de seguros- es desconocida para la mayoría de la población. Debían promoverse éstos y lo conveniente de su progresivo uso, hasta su implantación obligatoria, sobre todo en viviendas y vehículos, puesto que sufragaría total o parcialmente daños ocasionados en bienes y personas, sean por accidentes o fenómenos naturales, tan frecuentes en la Isla, además de lograr un nivel de recaudación para el Estado. Esto sería parte imprescindible en la recuperación del sentido común, aunque desde luego, el salario primero debe cubrir otras prioridades.

Actualmente, es casi inexistente la posibilidad de reclamar con efectividad sobre un daño ocasionado, tanto por una persona natural o jurídica -y mucho menos por deficiencias en un servicio que afecta al abonado- o al propio gobierno en cualquier instancia por negligencia administrativa. Las fallas de luz, agua, teléfono, etc., no tienen una expresión de responsabilidad legal por parte de estas empresas. El trabajo pendiente es descomunal, Cuba ha habitado en su propio mundo y de espaldas al mundo real.

Cada cubano sin embargo, es un potencial abogado y puede hacer la más férrea de las defensas, eso sí, especialmente en materia de ideología socialista y sus ventajas sobre el Capitalismo, aunque no se lo crea en lo más mínimo. Es el resultado de 58 años de propaganda y el medio aprendido para garantizarse algunos derechos necesarios, la llamada **"patente de corso"**, sin la cual, estudiar en determinados niveles, trabajar y ascender, es muy difícil, por no decir imposible. Establecer nuevamente un Estado de Derecho, llevará tiempo y esfuerzo.

CAPÍTULO VII

EMPLEO, OPORTUNIDADES Y REMUNERACION

Durante muchos años, el gobierno cubano se auto felicitó por haber logrado el pleno empleo. No era cierto. En todo caso se logró alcanzar el pleno subempleo, desaprovechando totalmente
-sólo producto a un cambio de conceptos- las máximas capacidades de los trabajadores. Sólo se logró una deficiente productividad.

Mientras duró el subsidio soviético, pese a esto, se obtuvo un incremento progresivo en casi todas las actividades de la economía, no en cuanto a eficiencia, sino en volumen, creando muchísimos puestos de trabajo…, lo cierto es que la ineficiencia y la falta de productividad siempre han estado presentes en el sistema. Desde el propio comienzo de las confiscaciones de grandes o pequeños negocios, se comenzó a fomentar esta dañina práctica de colocar un número mayor de trabajadores que los necesarios.

Las administraciones y aparatos de dirección tomaban dimensiones gigantescas, contribuyendo a ello la excesiva solicitud de datos innecesarios, que nadie analiza posteriormente y la propia estructuración de las entidades, que nacían ya siendo ineficientes. El gigantismo soviético tuvo su manifestación en Cuba.

Por poner un ejemplo sencillo, si un dueño de barbería tenía un empleado, también barbero, entre ambos realizaban todas las actividades del pequeño negocio. Sus insumos llegaban a través de un vendedor cuya actividad lucrativa era esa precisamente, vender. Si hay clientes en la barbería, hay ingresos -igual sucede para el vendedor de insumos, si le compran, hay ingresos- pero si en ningún caso hay ventas, no hay ingresos.

A raíz de confiscarle el negocio, entonces ambos hombre sólo ejercían sus labores profesionales, por las que recibían un salario fijo mensual, según las escalas salariales fijadas por el Estado, eso sí, tuvieran o no clientes; pero entonces había que tener alguien para que realizara las tareas de limpieza y además, alguien para traer productos y recambios, -sustitutos del vendedor de insumos- una dirección que ejerciera la supervisión de un territorio definido y que garantizara el abasto de sus necesidades. Así fuimos creciendo y, donde tres hombres prestaban un servicio, al final resultaron muchos más y una gran estructura administrativa. Todos con su salario garantizado, sin problemas.

En teoría, una vez conquistado el poder por el proletariado y, expulsado el explotador, la motivación de los trabajadores sería mayor, al sentirse dueños de los medios de producción, por tanto, su productividad se elevaría. Simplemente un error. Si los dos barberos -para seguir el ejemplo- ganan lo mismo según una escala salarial única y uno siempre trabaja más que el otro, llegará un momento que éste se pregunte qué gana realmente haciendo un mayor esfuerzo. Seguramente su productividad disminuirá y por tanto la cantidad de trabajo realizado. Igualmente pasará con el trabajador o funcionario encargado de sus insumos, su salario no está ligado a sus ventas. Muy diferente resulta cuando, si trabajas más, ganas más. Es ley de vida, simple sentido común.

En ningún caso, las empresas socialistas han logrado superar los resultados de las privadas. Así vamos. Es típico, que en cada intervención de algún cargo importante, se haga referencia -desde antaño- a la necesidad de elevar la productividad, sin embargo, ninguna de las formuladas usadas en la empresa estatal hasta ahora, han logrado el objetivo, acentuándose la agricultura como máximo exponente de la ineficiencia. La evidencia nos dice que la productividad no se eleva con llamamientos, sino con los resortes que mueven el interés del trabajador por elevar la producción y obtener mayores beneficios a cambio. La conciencia está bien; pero ella no alimenta la familia ni le proporciona bienestar.

Es escandaloso, que recientemente el periódico Granma - tarde como siempre- informara sobre la presencia de trabajadores extranjeros en la construcción de un Hotel en la Capital cubana, argumentándola sobre la base de que éstos, eran tres o cuatro veces más productivos que los obreros cubanos. No mencionó, que el salario de los trabajadores foráneos debe ser, como mínimo, sesenta veces superior al salario medio cubano, además de recibir seguramente otras prestaciones como alojamiento, manutención y transportación desde y hacia su país, garantías habituales en este tipo de contrato. ¿Cómo explicar que, trabajadores libres, sin explotación, en un sistema de justicia absoluta, no rindan lo suficiente y haya que apelar a la contratación de extranjeros? ¿Quiénes hicieron las colosales obras antes del 1 de Enero de 1959, serían trabajadores explotados? Entonces, ¿se ha retrocedido en la calificación de los obreros en relación a hace sesenta años? La Central de Trabajadores de Cuba mantiene un vergonzoso silencio. Podría ser un buen reportaje para Granma encontrar las respuestas, como continuación del anterior, donde se hizo referencia al tema de la productividad.

Con la nueva visión de Raúl Castro, se anuncia en Enero del año 2011, el despido progresivo de un millón trescientos mil empleados y funcionarios de las dependencias y empresas estatales. Este es el resultado de las políticas aplicadas durante décadas e ilustradas en el ejemplo del barbero. Este era el logro del pleno empleo. Plantillas infladas en un 25 %, casi nada. Paralelamente se esperaba entonces, que para este año 2016, el 50 % de la fuerza laboral, estaría en el sector privado, como medio de acomodo de los trabajadores sobrantes.

El papel del sindicato a los despidos es de apoyo total, la unanimidad de siempre. Ninguna protesta. El sindicato estuvo de acuerdo antes, cuando se tenían más empleados de los necesarios, y ahora también lo está. Así de analítico y justo es el sindicato de todos los trabajadores. ¿Nadie habría visto la magnitud del problema en tantos años?

Según datos del propio Ministerio del Trabajo cubano, en 1958 la Tasa de Desempleo era del 7.07 % -la más baja de América Latina- el barbero entonces era el dueño de la barbería.

El trabajo resulta el único vehículo posible -honrado desde luego- para la obtención del sustento y el bienestar familiar, sea como asalariado,   autónomo o empresario. Evidentemente, en   función de la remuneración percibida,según el esfuerzo, la capacidad y los resultados de cada uno, podrá sustentar su proyecto familiar de presente y futuro y sostener determinado nivel de vida. A mayor salario, obviamente corresponden mejores posibilidades.

Así se estructuran las diferentes capas sociales, los de menores ingresos, o sea, los más pobres, la clase media y desde luego los ricos, que generalmente también trabajan, sean en menor o mayor grado. Una sociedad normal se encuentra estructurada de esta forma. La igualdad no ha sido ni será posible nunca, baste señalar que si unos mandan y otros obedecen, ya no hay igualdad, unos tendrán más prerrogativas que los otros, es así y será así por siempre.

Es importante subrayar, el interés que un sistema con economía abierta, genera en cada persona, en cada trabajador por la obtención de mayores y mejores cargos, por elevar su capacidad y optimizar su eficiencia dentro de la Empresa en que labora, tanto cuando se es asalariado, autónomo o empresario, este último, además de su propia superación, realiza el máximo empeño por lograr los más eficientes y capaces colaboradores y empleados, se encamina al uso de las mejores tecnologías a su alcance, adquiere las mejores materias primas y se emplea a fondo para la creación de una excelente motivación en su equipo y por brindar una esmerada atención a sus clientes. Tanto unos como otros, sacan lo mejor de sí en todo momento, poniendo en práctica sus mejores iniciativas y todo su talento. En ambos casos, les impulsan varios intereses comunes, mayor remuneración y por consiguiente mejor nivel de vida, mayor prestigio, mejor cumplimiento de su función social entre otros. Todos se sienten realizados y representados en los logros.

Cuando esto no existe, no hay proyecto de presente ni futuro, no hay motivación, no hay economía. Exactamente sucede a nivel de país, puesto que éste representa el "todo" y por consiguiente, la sumatoria de todas y cada una de las "partes". Es obvio.

Constituye un objetivo básico para cualquier gobierno -o debe constituirlo- desarrollar políticas económicas que coadyuven al incremento de las clases medias y la disminución de las clases menos favorecidas, logrando una repartición, lo más equitativa posible de las riquezas generadas. El principio de que no somos, ni seremos iguales, ya lo acepta el líder actual, de ello dan fe estas palabras suyas: **"Es necesario cambiar la mentalidad de los cuadros y de todos los compatriotas al encarar el nuevo escenario que comienza a delinearse. Se trata sencillamente de transformar conceptos erróneos e insostenibles acerca del Socialismo, muy enraizados en amplios sectores de la población durante años, como consecuencia del excesivo enfoque paternalista, idealista e igualitarista que instituyó la Revolución en aras de la justicia social"**. Me pregunto, si ya no usan los mismos manuales, ¿estarán dispuestos a llegar hasta el final de la solución? ¿Abogará Raúl entonces por incrementar las clases medias? No ha dicho nada al respecto, habrá que esperar.

La empresa estatal cubana resultante de todas las expropiaciones, además de las deficiencias de plantillas infladas ya mencionadas, disminuyó el interés de los trabajadores, al eliminar de un plumazo la obtención de mayores dividendos a más y mejor trabajo, por tanto, eliminando también la posibilidad de elevar el nivel de vida mediante éste. En la práctica, todos pasaron a ser trabajadores públicos, con igual remuneración a igual categoría profesional, ojo, no a igual trabajo. Las empresas debían entregar al Estado al finalizar cada año, los beneficios obtenidos en interés general del pueblo.

No obstante ello, la generación nacida recién llegada la revolución triunfante, o poco antes, abrazaron en mayoría el nuevo proyecto y se entregó totalmente al trabajo, convencida de que bien valdría la pena cualquier sacrificio -a reserva de la remuneración- si al final se lograba la equidad del proyecto anunciado. Aún entonces, no era tan marcada la diferencia entre el salario y el poder adquisitivo real de éste. Se vivía y se soñaba. El subsidio soviético les arrullaba mientras dormían.

Con la aplicación de un sistema de educación gratuita para todos -muy justo como se ha dicho- la actividad que mayor afectación sufrió fue el campo, los hijos de antiguos campesinos, ya no querían trabajar la tierra, está claro que es mejor ser médico que sembrar calabazas. Así comenzó el éxodo hacia pueblos y ciudades, unido a planes estatales que eliminaron asentamientos campesinos para, supuestamente, lograr una mejor producción de las tierras y mejores condiciones de vida de éstos. Fue el inicio de una drástica disminución en la producción agrícola.

Poco a poco, con el paso de los años, la experiencia fue llamando a la cordura, al convencimiento de que el sueño poco a poco se convertía en pesadilla. Planes absurdos y falta de objetividad, fracasos productivos, falta cíclica de recursos, enchufismo, corrupción, orientaciones descabelladas, túneles populares para cuando el Imperio atacara, toda esta amalgama, a finales de la década de los ochenta había cambiado radicalmente el pensamiento de aquellos entregados de antaño. Ya se decía entonces: "esto no hay quien lo arregle; pero no hay quien lo tumbe". El derrumbe del socialismo real, hizo despertar a todos del sueño anhelado.

Durante todo el camino recorrido hasta hoy -con socialismo- las posibilidades y oportunidades reales de ascender a cargos y responsabilidades, exige como condición sine qua non, la pertenencia a una de las organizaciones comunistas, y, excluye, casi sin excepciones, todo aquel que no acredite estar debidamente identificado con el "proceso", independientemente de la capacidad personal que posea o de condiciones morales impecables. Algo excluyentes son las normas del Socialismo, ¿no cree?

Una vez desaparecido el socialismo en Europa del Este, comenzó la caída libre. El salario medio hoy se posiciona entre los más bajos -o el más bajo- del mundo, con alrededor de veinticinco dólares mensuales. En el año 1958, la Isla tenía el tercer ingreso anual per cápita de América Latina, detrás de Uruguay y Venezuela.

Según datos de la Organización Mundial del Trabajo del año 1960, la Isla ocupaba el octavo lugar mundial en el salario devengado por los trabajadores industriales, quienes cobraban seis dólares por jornada de ocho horas, mientras el obrero agrícola percibía tres por la misma jornada. Hoy en Haití -país más pobre de América- el salario para una jornada de ocho horas de un obrero industrial es de 4.84 dólares. En ingresos per cápita, en el año 1959 la Isla ocupaba el tercer lugar en el Continente, ahora ocupa el vigésimo. Sin comentarios.

En esta situación, ¿qué proyecto presente y futuro se podrá elaborar que no sea pasar el día a día lo mejor posible? ¿Cuáles pueden ser las aspiraciones de ascender y mejorar el nivel de vida, cuando ello sólo está en manos del estado y no en las suyas? De suerte tal, que hay un número elevado de familias que reciben con cierta frecuencia las remesas de familiares desde el exterior y, por otro lado, la autorización del ejercicio del trabajo por cuenta propia, ha sido la válvula de escape al subempleo ideada por el Gobierno, lo que permite que alrededor de medio millón de personas, tengan un mejor poder adquisitivo y no dependan para ello del Estado.

En el contexto actual, han resurgido nuevamente las capas sociales, aquellas que se decía haber eliminado. Los artistas, deportistas de élite, escritores, autónomos, beneficiarios de remesas y misiones en el exterior, dirigentes y militares de alto rango u oficiales, entre otros, van diferenciándose del resto más que antes, digamos de los menos favorecidos. Ahora bien, la igualdad de oportunidades no existe, o dista mucho de ser efectiva y eficaz. Algunos como el hijo de Fidel Castro, el señor Antonio Castro, pueden ya pasar unas vacaciones en las Islas griegas y Turquía, al parecer, si que tiene un buen empleo que le garantiza un proyecto de presente y futuro y, además, lo lleva a cabo. Ni los autónomos podrán igualarle, con aquello de que no les permiten determinado nivel de riqueza y para este tipo de turismo se requiere algún dinero seguramente....

Podemos concluir entonces, una vez más, que no se está construyendo el socialismo teorizado por Marx y Engels, ni tampoco se construyó durante los primeros veintiocho años
posteriores a su declaración, es decir, desde 1961 hasta 1987, puesto que ese año, Fidel Castro
sorprendió a todos al   asegurar: **"ahora sí vamos a construir el Socialismo"**.

Desde aquella frase han pasado otros 29 años más hasta 2016 y, ahora, sí se ha asegurado por Raúl Castro que se construirá   un   socialismo que sea **"próspero y sostenible"**, se   redefine el objetivo anterior de   igualdad para todos,
- identificándolo ahora como igualitarismo- y sustituyéndolo por "igualdad de oportunidades". No cabe duda que el

término sea más sensato; pero hay que aplicarlo con todas sus consecuencias para que sea efectivo. ¿Sabrá alguien cuánto demora la construcción de alguna de las formas del Socialismo cubano?

Todos estos cambios reiterados y el pronunciamiento de renovadas promesas, con iguales resultados en la

Práctica, bien pudieran asociarse -salvando las distancias- a un ejemplo de nuestra vida cotidiana. Pongamos el caso que deseamos sustituir la carpintería de nuestro hogar, a tal fin, contratamos un operario. Estando a punto de concluir éste su trabajo -con el consiguiente gasto de energía, recursos y tiempo- le mostramos que parte de las ventanas están ladeadas, totalmente fuera de plomo. El operario se pone serio y, dispuesto a asumir su responsabilidad, nos garantiza que en esta ocasión lo ejecutará con el máximo de calidad, poniéndose de inmediato manos a la obra nuevamente, no sin antes agradecernos que le reiteremos nuestra confianza. Poco antes de terminar por segunda vez, volvemos a señalarle que hay defectos garrafales en la ejecución; pero el hombre reacciona y nos asegura que le otorguemos otra oportunidad, que ahora sí quedará todo perfecto. ¿Se imagina cuál sería su reacción? Si a esto añadimos que no tiene opción de buscar otro operario, ¿cómo se le queda el cuerpo?

La apertura del trabajo por cuenta propia, sin dudas abre un espacio inédito hasta ahora de oportunidades, despierta la iniciativa individual, como expresión y aspiración legítima de cada persona en interés de un mejor proyecto de vida para sí y su familia, además de mejorar la eficiencia estatal, tanto por la vía de la elevación de los ingresos tributarios, como de la reducción de sus infladas plantillas; pero las últimas señales, hacen presagiar que puede ser pasajero, meramente coyuntural y que, en modo alguno, se permitirá su desarrollo. Veremos.

CAPÍTULO VIII

SOCIEDAD CIVIL, RELIGION Y MIGRACION

SOCIEDAD CIVIL

Entendemos generalmente por Sociedad Civil -independientemente del uso del término en derecho- como la asociación voluntaria de personas, que comparten ciertas características y buscan el cumplimiento de uno o varios objetivos comunes. Separadas de cualquier vínculo religioso o militar y que desarrollan su actividad de manera privada, de forma autónoma respecto al Estado y bajo sus propias normativas, no obstante, aunque no es lo más usual, se acepta que pudieran participar en política sin ser parte del gobierno.

A raíz de la Cumbre de las Américas celebrada en Panamá, el tema de la Sociedad Civil ocupó varios debates, en relación a si los representantes enviados por Cuba -como Sociedad Civil- estaban o no legitimados para representar la sociedad cubana fuera de la esfera gubernamental, o simplemente, eran más bien parte del aparato del Estado.

Como se conoce, en Cuba no existe la libertad de asociación para la ciudadanía fuera de la estructura del mismo gobierno, según recoge la propia Constitución, con lo cual, es evidente que, sin ser parte del ejecutivo, representan sus mismos intereses. El argumento por parte de los jefes designados para estos fines en la Cumbre, es el opuesto, es decir, que los "otros", son los que no representan al pueblo y por tanto se niegan, no sólo a escucharles, sino que les agreden físicamente. Una convivencia muy civilizada, tal y como pide Raúl Castro al gobierno norteamericano.

No vale la pena recordar el origen de las organizaciones enviadas por el Partido a la Cumbre, se sabe que son parte del aparato estatal complementario, es decir, sus organizaciones de masas y que siguen "a pie juntillas" sus indicaciones. La definición de Sociedad Civil Socialista, lo resume de la mejor manera posible. Me parece bien que las usen, están en su derecho, lo grave es que no permiten otras, eliminando el derecho ajeno.

La necesidad de que existan espacios constitucionales para la formación de Asociaciones, fuera de las existentes y mencionadas anteriormente
–más allá de que sean o no abiertamente opuestas al gobierno- encausaría demandas de sectores como por ejemplo los actuales emprendedores, sería contradictorio pensar, que exista una coincidencia de interés entre los inspeccionados y los inspectores y que el vehículo idóneo para encaminar sus preocupaciones y necesidades, sea el organizado por el propio Estado que les controla. Recordemos que el sindicato, estuvo a favor cuando se inflaron las plantillas y cuando se llamó a racionalizarlas.

Habrá que esperar seguramente con mucha paciencia el surgimiento de tales organizaciones. Una buena noticia es que se comienzan a vislumbrar en el horizonte, las primeras señales de sectores que pugnan por la materialización de este derecho.

No es preciso abordar la diversidad, cantidad y autonomía de las organizaciones inscritas en el marco de la Sociedad Civil en la etapa previa a la revolución.

MIGRACION

Con la llegada de Raúl Castro a la dirección del país, se han mejorado y simplificado los trámites migratorios en cuanto a la autorización de salida, no obstante, siempre se reservan la posibilidad de negarla a determinada persona por razones de "interés nacional", sin que esta esté sujeta a ninguna restricción legal. La política de su antecesor en este sentido es bien conocida.

Aunque EEUU como país receptor, constituye el destino por excelencia de la migración cubana, casi es posible afirmar, que se puede encontrar un cubano en cualquier parte del mundo. Según la ONU, en setenta y dos países existe algún emigrado cubano. En 1958 habían ciento veinticinco mil cubanos en EEUU, en la actualidad se han multiplicado por diez o más y sigue el goteo permanente.

Si bien es cierto que durante los dos o tres primeros años después de triunfo revolucionario, fueron abandonando progresivamente la Isla los sectores y clases de mayores riquezas, la composición posterior de los que continúan decidiendo marchar como opción más viable de futuro, ha sufrido un cambio sustancial.

A principios de la década del 80 -cuando ya no quedaban ni élites, ni pequeños propietarios- se generalizó un éxodo que incluye todos los sectores de la sociedad, desde militantes que eran afines al socialismo, ciudadanos simples, dirigentes e hijos de éstos, hasta militares de alta graduación. Es altamente significativo, que a partir de entonces, hayan abandonado la Isla una cantidad muchísimo más elevada que en los primeros años, llegando a convertirse casi en la única aspiración de una parte muy considerable de la sociedad, fundamentalmente entre los jóvenes.

Aunque el gobierno cubano no brinda estadísticas al respecto, se estiman en algo más de dos millones el número de cubanos con residencia fuera de la Isla.

Tal como se conoce, todo aquel que abandonaba el país era considerado escoria, apátrida, gusano, traidor y una larga lista de epítetos elegidos por el máximo líder. Recientemente, el periodista Randy Alonso, ha añadido otro de su propia cosecha: **ex-cubanos**. Por obra y gracia de este señor, se les ha suprimido la nacionalidad, lo extraño es que aún las autoridades exijan el Pasaporte Cubano para entrar o salir del país.

Un sector importante de los exiliados de los primeros años, hizo del derrocamiento de la revolución su único propósito, incluso con acciones armadas, actos terroristas y todo aquello que consideraban podía debilitar el nuevo sistema político establecido en Cuba. El propio Gobierno de EEUU, dio soporte a estas acciones durante décadas. Ambos países se declararon recíprocamente enemigos a muerte.

Sin embargo, muchos cubanos no participaron en esta cruzada, marcharon antes y continúan haciéndolo, simplemente porque buscan una mejor opción económica, o no comparten las ideas políticas adoptadas en su tierra, considerando que no existe garantía de un futuro acorde a sus proyectos y perspectivas de una vida mejor; pero no participan en ninguna acción para derrocar el estado cubano.

Tanto el gobierno cubano, como el norteamericano, han usado la migración como elementos de presión en función de sus objetivos. EEUU privilegia al cubano que llega, otorgándole garantías únicas; pero no por mar, a éstos los regresa. En cambio Cuba, les ha enviado por Mariel parte de su población encarcelada, o ha dejado de vigilar sus costas propiciando la migración como medio de presión al gobierno norteamericano. En medio, el pueblo cubano y sus dificultades, sus innumerables muertos en el intento. ¿Qué sucedería de no existir esta válvula de escape hacia EEUU?

En muchos países de América Latina, las condiciones de pobreza, violencia y drogas, son incomparables a la situación en Cuba, sin embargo, no existen las mismas condiciones de beneficios migratorios para con estos ciudadanos. Quizás esto merecería un análisis actualizado por parte de las autoridades norteamericanas, puesto que no todos los cubanos que marchan lo hacen por ser perseguidos políticos en el estricto sentido del término, diría que son minoría. Corresponde a su gobierno sacar las conclusiones adecuadas. El mundo ha cambiado, ya no hay Guerra Fría. No al menos como antes.

Cuba nunca ha sido receptiva con el problema migratorio, considerando a todos por igual, sembrado a ultranza mediante la ideología, el odio, la exclusión y la división entre cubanos por espacio de más de cinco décadas. Ni siquiera con el paso de los años, el cambio en la configuración del llamado exilio y la aparente distensión actual con el gobierno norteamericano, el tema se ha abordado con la profundidad necesaria.

Ha prevalecido en sus líderes durante estos años, una actitud de soberbia, retirándole a los migrados derechos inherentes al ser humano por su propia naturaleza. Nunca se ha diferenciado con claridad los que han cometido un delito real, de los que tienen, como único delito, pensar diferente.

La autorización de entrada al país se usa simplemente como represalia, una más, no obedece a la comisión previa de delito alguno, o problemas en la documentación de aquellos a los que se les niega, simplemente se sustenta en un cálculo político. Jamás se ha abordado el tema desde el punto de vista humano y del derecho. ¿Cómo explicar que muchos intelectuales y artistas cubanos de renombre mundial, nunca hayan sido autorizados a volver a su Patria y reencontrarse con sus familiares, ¿cuál ha sido su delito?

Otra vertiente no menos importante del fenómeno migratorio lo constituye el análisis de las causas que lo originan y sus consecuencias para el futuro del país. Desde las Instituciones del estado, se ha dicho que la migración actual es económica, no política; pero lo cierto es que la gente marcha, y, cada vez más. Nunca ha dejado de hacerlo continuamente, con picos máximos coyunturales.

Resulta obvio que la economía está estrechamente ligada a la política y, aunque el flujo de los países pobres hacia los más ricos no es ni nuevo, ni exclusivamente cubano, el problema de Cuba parece que se ha hecho crónico e irresoluble. La pregunta a responder sería: ¿por qué antes de la revolución con los problemas existentes y denunciados por Fidel, la gente no marchaba en masa y ahora sí, incluso arriesgando sus vidas en muchísimos casos? ¿Qué se ha hecho durante casi seis décadas para evitarlo?, ¿Obedece sólo la huida a la ley norteamericana que otorga facilidades excepcionales a los cubanos? ¿Se debate en el Parlamento cubano el fenómeno?

Es de sentido común, que si yo estoy bien en mi casa no me voy a la del vecino, dejando atrás parte de mi familia y sufriendo una desgarradora separación.

Pero, además, se suma otro grave problema con la pérdida constante de población, especialmente jóvenes, las bajas tasas de crecimiento poblacional y por tanto el envejecimiento de la sociedad, comprometen seriamente el futuro.

RACISMO Y EXCLUSIÓN SOCIAL

La Constitución -como no podría ser de otra forma- establece la igualdad de las personas en todos los sentidos; pero no basta con eso. En las sociedades actuales, se ha producido como norma -excepto casos escandalosos- una mutación en las formas de exclusión de cualquier índole, haciéndose más sutiles y encubiertas.

Es una realidad que con el triunfo revolucionario se avanzó mucho al respecto. Los mayores, recordarán la humillante práctica de separar en un mismo salón de baile, a blancos y negros mediante una cuerda. Un horror.

Lo cierto es que el problema -aunque se ha dado por solucionado- no lo está, no ha desaparecido. Tanto en el tema de la raza propiamente, como otras manifestaciones de exclusión, sea por orientación sexual, credo u otras, se mantienen. En ello mucho tiene que ver la idiosincrasia del cubano; pero también la educación al respecto. En este tema, como sucede en otros muchos casos, no basta sólo con la ley para su solución, ni siquiera con la fijación de cuotas para la ocupación de cargos públicos u otras medidas de este tipo, que en muchos casos tampoco se cumplen. Ni vale no mencionar el asunto.

Se hace necesaria, una constante incidencia sobre ello, abordando el tema desde la escuela primaria.

No es un secreto que hoy en día, tienen mayor facilidad de acceso a determinados puestos de trabajo las personas blancas que las negras o mulatas, siendo éstas relegadas a cargos de menor calificación, que no estén en contacto con el cliente por ejemplo y, por tanto, perciben menor remuneración. En el caso de otras razones de exclusión, puede incluso agravarse el problema hasta tal punto, de no llegar a conseguir un empleo.

Es sin dudas una asignatura pendiente, que hay que enfrentar lo antes posible y que llevará mucho tiempo solucionarlo o, al menos, disminuir al máximo sus efectos.

RELIGION

La historia de las relaciones entre la religión y la revolución, ha sido de odio-amor, especialmente con la Iglesia Católica.   Con la declaración del carácter socialista de la revolución, comenzó el éxodo de sacerdotes y autoridades católicas, que no veían con buenos ojos el socialismo en Cuba y adoptaron una posición contraria a ello. Muchos fueron perseguidos e incluso llevados a las Unidades Militares
de Ayuda a la Producción,   concretando en la práctica el concepto marxista de que: **"la religión es el opio de los pueblos",** expresión metafórica, que entendía la religión como instrumento de sometimiento usado por las clases dominantes, para legitimar el estado de padecimiento e injusticias y creando la ilusión, mediante la creencia, que habría un mundo mejor, cumplía una función de adormecimiento en las masas.   Siguiendo esta línea, le fueron expropiados muchos centros al catolicismo en esos primeros años, incluso el Congreso de Educación y Cultura

de 1971 se pronunció para. **"...No estimular, apoyar o ayudar a ningún grupo religioso ni pedir nada de ellos. No compartimos las creencias religiosas ni las apoyamos..."** No era posible militar en el Partido si se tenían convicciones religiosas. Se llegó a eliminar la celebración de la Navidad como fiesta oficial.

A finales de la década del ochenta, comenzó una apertura progresiva hacia la religión y en especial la católica y, en 1991, se permitió la entrada de religiosos, por primera vez al Partido Comunista. Pese a este acercamiento, se mantiene la Iglesia bajo fuertes medidas de observación y control, sin concedérsele oportunidad de espacios públicos en los medios de comunicación.

La visita del Papa Juan Pablo II y su famosa frase **"que Cuba se abra al mundo y el mundo se abra a Cuba"**, inició una nueva etapa, incluso autorizándose la celebración de la Navidad nuevamente.

La nueva dirección encabezada por Raúl Castro, abre nuevos espacios de entendimiento, se devuelven parte de los centros confiscados y adquiere relevancia el diálogo entre Iglesia y Estado en temas de elevada importancia, como la excarcelación de prisioneros y quizás el más importante de todos, la mediación del Vaticano entre el Gobierno Cubano y el Norteamericano para el restablecimiento de relaciones entre ambos países.

Aún cuando ha recobrado parte de su participación en la vida nacional -todavía lejos de sus expectativas- como ente activo en la sociedad, la Iglesia católica aún dista mucho de poseer el papel protagónico que siempre desempeñó en Cuba, dada la religiosidad de su pueblo, que durante décadas, se le privó de expresarse abierta y públicamente sobre su fé. La religión no ha escapado a los vaivenes de la revolución y su líder.

CAPÍTULO IX

GESTION GUBERNAMENTAL, ECONOMIA Y DESARROLLO

GESTION DE GOBIERNO

Parte de la gestión gubernamental socialista se ha relacionado en los capítulos anteriores, por ello sólo me referiré a algunos aspectos que no han sido enunciados previamente.

El triunfo revolucionario recuperó -en buena medida- la independencia y dignidad nacional, sobre todo, de cara al gobierno norteamericano y su ascendencia en la Isla, a la dependencia del país de sus empresas y a la acción e influencia de mafias asociadas a éstas en la Cuba de entonces. Digo en buena medida, porque con la declaración del Socialismo, se mantuvo cierta dependencia política de la antigua URRS hasta su desaparición y con ella, el fin del subsidio.

El "desmerengamiento", para emplear las mismas palabras de Fidel Castro, pródigo en descalificativos.

La independencia política es muy difícil cuando se tiene una casi absoluta dependencia económica; pero en todo caso, no fue tan marcada y nociva como la anterior, al menos, en teoría. Una vez roto el llamado Campo Socialista, se alcanza una mayor cuota de independencia. Nadie ayuda; pero nadie dirige o impone, se ha de afrontar el naufragio en solitario. Esto en mi opinión, fue la única cosa positiva del hecho para Cuba.

Años después, con la aparición de un nuevo benefactor económico, en este caso Venezuela, lejos de mantener cierta dependencia política en la nueva relación -para sorpresa de todos- el proceso ocurrió de manera inversa, es decir, por primera vez, un país con innumerables recursos, era quien recibía la influencia y asesoría política de uno pequeño y pobre. Un mérito de Fidel Castro sin dudas, que poco a poco, fue elevando su ascendencia sobre las decisiones y derroteros de aquel país, grande y rico.

Con el abrazo a la URSS, al declararse el carácter socialista, la estructuración del Estado y su gestión - entiéndase organismos de la Administración Central, empresas socialistas, inteligencia, ejército y toda la organización de la sociedad en general, incluida la nueva Constitución, fueron adquiriendo una clara tonalidad soviética. Se sustituyó el inglés por la enseñanza del ruso, desconociéndose la lengua más empleada internacionalmente. Ahora se retoma de nuevo el aprendizaje del inglés, e incluso se condiciona la graduación universitaria con la exigencia de poseer determinado nivel en este idioma.

En lo interno, todo el periodo revolucionario ha estado marcado por una generalizada ineficiencia en la gestión y constantes rectificaciones y contradicciones, antes y después de la caída del llamado Socialismo Real. No ha logrado mantenerse una línea de acción única, capaz de abarcar toda la actividad de la sociedad en su conjunto, coherente e integral, con proyectos claros sobre el país que se pretende construir y las vías para desarrollarlo. Sólo la propaganda política y el sostenido control de la ciudadanía, se han mantenido inalterables desde el inicio.

Prevaleció, durante todo el período correspondiente al mandato de Fidel Castro, el personalismo, el voluntarismo, poniendo en práctica sus ideas y concepciones en todas las esferas de la sociedad, bien se tratara de sus grandes planes agrícolas, como la zafra de diez millones de toneladas de azúcar, el Cordón de la Habana, planes lecheros, programas de educación como las Escuelas en el Campo, la formación de Contingentes de la construcción, consultorios médicos, o la simple entrega de electrodomésticos y de ollas de presión a los hogares. Sólo él era la revolución y, su voluntad, ley. Cuba era su particular laboratorio.

Ciertamente se han cosechado éxitos y sonados fracasos, lamentablemente más de los últimos, cuyos máximos exponentes se sintetizan en la llamada "Rectificación de errores y tendencias negativas" iniciado a finales de 1986 -antes del derrumbe soviético- y que en principio consistían en corregir **"desviaciones"** aparecidas en el país, tales como el desvío de recursos, el despilfarro, la corrupción y el caos generalizado. Al referirse a ellas, el propio de Fidel Castro el 2 de Diciembre de ese año decía **"...Pusimos el ejemplo de una empresa que vendía materiales y los cobraba como si los hubiera puesto en la obra, fuera pintura, o fuera madera, o fuera teja de asbesto cemento, lo que fuera — para citar algunos ejemplos, de esos hay montones—; empresas que querían hacerse rentables robando, estafando, y estafándose unas a otras. ¡Qué clase de socialismo era el que íbamos a construir nosotros por esos derroteros! ¿Qué ideología era esa? Yo quiero saberlo, ¿y si esos métodos nos conducían a un sistema peor que el del capitalismo, en vez de conducir realmente al socialismo y al comunismo? Aquel relajo casi universal en que cualquiera agarraba cualquier cosa, lo mismo una grúa que un camión. Se estaban volviendo cosas habituales. Estaba generalizándose".**

Huelga el comentario sobre la participación y permisividad de la militancia comunista de un 99 % de los principales rectores, tanto de la economía, como de toda actividad en la vida nacional, además de la presencia de las organizaciones de base de Partido Comunista, la Juventud Comunista y el sindicato revolucionario en todos los centros de trabajo, no obstante ello, aparecían estos fenómenos transcurridos veintisiete años del triunfo. Nada que ver con el "Hombre Nuevo".

En el año 1999, a trece años de la **"Rectificación"** mencionada, -ya desaparecido el Socialismo en Europa y la Unión Soviética- se anunciaba otro programa de enmiendas, en esta ocasión presentado como: **"Batallas de Ideas"**, que pretendía ser una profundización de la rectificación anterior y, en teoría, la estrategia para continuar el desarrollo político-ideológico, social y económico, con mayores niveles de eficacia y eficiencia. Se anunció como una revolución dentro de la revolución. Los resultados son conocidos.

Pese a todas estas campañas anteriores y al anuncio, una y otra vez, de que tales medidas constituían la solución a todos los males, lo cierto es que, nuevamente en Diciembre de 2010, es decir, 11 años después de la última rectificación, Raúl Castro -como nuevo líder en el poder- se expresaba en estos términos en la clausura del Congreso cubano: **"O rectificamos, o ya se acaba el tiempo de seguir bordeando el precipicio, nos hundimos, y hundiremos (...) el esfuerzo de generaciones enteras"**. Para agregar: **"Sabre-mos vencer cualquier reto en nuestro empeño de construir un socialismo próspero y sostenible"**.

Al parecer, aquellos males se habían mantenido en el tiempo y, no sólo esto, sino que se habían agravado. Debemos preguntarnos cuál será la razón de ello, si Cuba ha recibido miles de millones, decidiendo en todo momento lo que se hace y cómo se hace, con un poder absoluto del gobierno. Me pregunto, visto lo visto, ¿será posible salir del precipicio con los mismos gobernantes e iguales políticas internas?

Bueno, no deja de ser ésta otra promesa, la diferencia en esta ocasión, es que es otra persona el líder, aunque no cuenta precisamente a su favor, que haya desempeñado el segundo puesto al mando del gobierno durante las anteriores campañas de rectificación. ¿Será que no lo apreció antes? ¿Usted que cree amigo lector?

Llama la atención el criterio sostenido por un socialista, soñador de un mundo mejor en su juventud -como él mismo se califica- ex prisionero por tales ideas, hombre de reconocido prestigio internacional e incansable luchador por los derechos y bienestar de su pueblo, me refiero a José Mújica, ex presidente de Uruguay. Pepe Mújica ha dicho **"que el modelo económico socialista, no dio, ni dará resultado en ningún país del mundo y considera que no es bueno para nadie".** Es partidario de un Capitalismo responsable, serio. Según su opinión, **"no hay que tenerle miedo al Capitalismo, sino a la pobreza, no se puede ser socialista cuando hay que repartir aceite, el socialismo tiene que ser hijo de la abundancia, no de la escasez".** En esto del aceite lleva Cuba 58 años, lamentablemente, sin éxito. Bastaría con volver la mirada hacia Viet Nam y corroborar sus enormes logros en materia de desarrollo económico, reducción de la pobreza, elevación del ingreso per cápita y un largo etcétera. Vergüenza ajena da este hecho.

La gestión de Raúl sin embargo, ha sido pragmática -aunque insuficiente y lenta- exhibiendo mayor sentido común que su hermano con diferencia, sea por una u otra razón. La extinción de un grupo de prohibiciones absurdas y humillantes, ejercidas durante las décadas de gobierno de Fidel Castro, así como nuevas medidas de carácter social y económico y mayor atención a la apertura de las relaciones internacionales, han caracterizado sus políticas. La historia dirá si han sido sólo producto de la imperiosa necesidad, o si realmente está convencido de la necesidad de éstas en beneficio de la población. Habrá que esperar para ello.

Sin embargo, como denominador común, mantiene la represión a quienes se manifiestan de manera diferente; pero quizás, Raúl lo hace de forma más sutil en algunos casos, según los tiempos.

En su estrategia por insertarse en el mundo actual, sorprendió a su pueblo y al mundo apostando por el restablecimiento de relaciones con EEUU, en un proceso de negociación conocido en detalles por todos. ¿Necesidad acaso?

En la pasada Cumbre de las Américas en Panamá, Raúl Castro, refiriéndose a Barack Obama durante su intervención, expresó que le consideraba un hombre honesto y que además, no tenía culpa del pasado, ratificándole su disposición al diálogo respetuoso.

A partir de estas palabras, no se entiende que, después de la visita del mandatario estadounidense a Cuba, se haya desatado una feroz campaña contra éste por las ideas que expresó en su intervención. En palabras del propio canciller cubano que lo califica de **"ataque"** y **"engaño"**. Bruno dice textualente: **"Una visita en la que hubo un ataque a fondo a nuestra concepción, a nuestra historia, a nuestra cultura y a nuestros símbolos".** Corona el agresivo discurso de Cuba, la reflexión del propio Fidel Castro, **"El hermano Obama"**,

en la que le hace responsable también de toda la historia anterior de disputa entre ambos gobiernos. Poco menos que acusarle de farsante. Además, manifiesta que Cuba no necesita que el imperio le regale nada.

Transcurridos escasos meses de la visita, en otro de sus escritos, propone otorgarle la **"medalla de barro"** al mandatario. Al parecer la relación que se pretende con EEUU es aquella en la que sólo interesa lo económico, porque todo lo demás está contaminado y constituye una u otra faceta de la subversión que pretende el enemigo, da igual que sea un discurso de su presidente, un programa de becas, un libro, internet, o cualquier cosa que no encaje con la ideología socialista de control absoluto.

Muchas interrogantes surgen de todo esto, la primera, es que al parecer para la Cumbre de Panamá no se habían puesto de acuerdo los dos hermanos, puesto que entonces, Obama era un hombre honesto y nada tenía que ver con el pasado, según Raúl Castro. En segundo lugar, si al único presidente que durante 60 años ha hecho algo -sinceramente- por lograr un acercamiento se le descalifica de esta manera, cabría preguntarse, ¿para qué se realizó la negociación si no quieren nada con el enemigo? y cabría preguntarse además si: ¿se puede considerar esta actitud del gobierno cubano respetuosa y civilizada?. Por esa regla de tres, con España se tendría una guerra a muerte por los siglos de los siglos, no cabría el perdón y, mucho menos la negociación, ¿o no?

Nadie obliga al país a nada, en toda negociación usted acepta lo que cree que le beneficia; pero no tiene que ofender a su interlocutor, eso no forma parte de la diplomacia y Cuba lo sabe, entonces, ¿por qué lo hace, qué busca con ello?

Es evidente, que tal contradicción, sólo hace pensar al ciudadano con sentido común, que los gobernantes necesitan avivar el odio y la confrontación, son sus armas para contrarrestar el efecto de simpatía y esperanza que produjo Obama en el pueblo. Prefieren sacrificar cualquier cosa, antes de ceder en un ápice su dominio, sus ideas. Los líderes, fundamentalmente ambos hermanos Castro Ruz, son conscientes que Cuba no es China, la diferencia no sólo radica en la distancia geográfica de uno y otro país hasta EEUU -la primera a 145 km y la segunda a 11 mil km- la verdadera diferencia, está en el modo de pensar de sus pueblos, en su cultura e historia. La influencia norteamericana en el pueblo cubano es elevadísima, por su cultura, su modo de vida, su desarrollo, lo ha sido siempre, y ahora, con la comunidad cubana asentada allí, lo es mucho más.

Casi todas las familias cubanas tienen allí una persona allegada, bien unidos por la misma sangre o por una buena amistad. Les han visto partir por lo general sin nada y regresar de visita mucho mejor, con otro nivel de vida, con planes y proyectos en su inmensa mayoría, sobre todo los jóvenes. En una sociedad imperfecta, han encontrado en unos años lo que no hallaron en Cuba durante décadas. Ya se ha dicho, una imagen vale más que mil palabras. Esto tiene una fuerza tremenda y los gobernantes lo saben.

No se trata de hacerse millonario, el ciudadano común no persigue esa quimera, se trata de recobrar lo que se consigue normalmente a partir de nuestro propio trabajo y esfuerzo. Se trata de vivir en paz, de no ver una televisión con una "Mesa Redonda" cada día, de no ver la falsedad en los propios voceros
-esforzados en querer imponer a quien se debe considerar malo y a quien bueno- se trata de que no decidan por el ciudadano lo que debe saber o no, o lo que puede ver o no, de evitar que sus vidas se desarrollen en una constante campaña electoral, de poder disfrutar cuando lo consideren de una programación entretenida e interesante, de comer sin que constituya un problema conseguir el alimento diario, de poder adquirir el medicamento que necesitan, cuando lo necesitan, de ir por la calle y no ver como reprimen a mujeres indefensas, de que su gobierno no les prohíba constantemente lo que considere, de que sean respetados sus derechos como persona, de emprender en un negocio sin temor a que sea cerrado, de que el gobierno cree las condiciones para estar siempre dentro de la ley, de saber que si su esfuerzo es mayor, así será su patrimonio, sin que nadie les cuestione por ello y, si quieren y pueden, comprar un vehículo o ir al mismísimo infierno y tener la posibilidad y la libertad de hacerlo con su trabajo.
Los ciudadanos quieren respetar la ley y que la ley les respete. Estos no son hábitos burgueses, son las aspiraciones inherentes a cualquier ser humano, que no necesita el acompañamiento de un camarada eterno, sino un presidente que solucione estos problemas y no emplee cien años en ello. ¿Tan complicado resulta entender esto?

El trato a Obama es como si le dijese a un vecino -con el que he tenido malas relaciones durante años- que deseo llevarme bien con él, le invito a mi casa y, una vez se marcha, le grito insultos a más no poder. Menuda forma de ganar su confianza y apoyo, sobre todo, muy civilizada y ética.

Soy de los que piensa que la influencia de Fidel en su hermano y en los generales que dirigen, aún -pese a su disminuida capacidad física y mental- continúa siendo elevada, diría que definitoria. No me puedo explicar la contradicción de otra forma.

Dos ejemplos recogen, de la mejor manera posible, la opinión popular al respecto, uno, la carta abierta del músico cubano Manuel González   - Manolín- y el otro, el artículo en la revista "On Cuba", de Julio A. Fernández Estrada   - Doctor en Ciencias Jurídicas y Profesor de la Universidad de la Habana- que titula, **"No quiero saber nada de Industriales ni de Obama"**.

En otra vertiente de las relaciones internacionales, el Gobierno cubano, que aboga por la eliminación de armas atómicas, mantiene estrechas relaciones con Corea del Norte -país reiteradamente sancionado por la ONU por su programa de armamento nuclear, incluida la ejecución de ensayos de tal naturaleza- y un silencio absoluto al respecto. El último episodio de su líder, Kim Jong Un, llamando a sus tropas especiales de élite a asesinar a altos cargos surcoreanos, demuestran que éste, tampoco parece muy conciliador y civilizado. De locos.

En cuanto a América Latina, ha cambiado la correlación de fuerzas con los nuevos   gobiernos de Brasil y Argentina fundamentalmente y la inestabilidad del Chavismo en Venezuela. Cuba ya no posee la misma influencia política y, no obstante contar con la aceptación y simpatía mayoritaria de los países de la región, las reglas del juego han cambiado y continuarán cambiando, por ello se aferra a la defensa y sostenimiento del gobierno venezolano con todas sus energías, por constituir éste su mejor y más fiel aliado político en la región y sobre todo, valedor económico, su socio comercial estratégico, ahora desplazado del segundo, al tercer lugar en beneficio de España.

Este escenario, obliga a la Isla a readaptar su política de cara al presente y futuro. Las relaciones de internacionalismo proletario de: -me regalas o me cambias- llega a su fin. Ahora se ha de negociar y, la diplomacia será más importante que nunca. Tampoco Rusia o China regalan ya nada.

Ha de reconocerse, que el Estado cubano ha sacado el máximo provecho posible en favor de sus relanzadas relaciones internacionales, a partir de los pocos cambios internos que ha hecho -sin que haya una profundidad apreciable en éstos-y, sobre todo, al nuevo enfoque hacia Cuba desarrollado por el presidente Obama. El hombre de la medalla de barro. Quizás lo extrañen.

La nueva elección presidencial, trae incertidumbre y establece un compás de espera por una y otra parte. Sería, en mi opinión, una gran estupidez por parte del nuevo presidente electo, intentar revertir los avances logrados, lo que no quiere decir que se presione más de cara a concesiones futuras, con una adecuada explicación sobre los objetivos a alcanzar, y, que ésta llegue a todos los cubanos. Hasta cierto punto, hay que derrotar también la guerra de desinformación del Partido Comunista para con la población.

La Unión Europea, Japón y muchas otras naciones, se han acercado a Cuba en los últimos años. Estará por ver, si la sucesión de visitas de alto nivel a la Isla, tal y como continúan las llamadas reformas, son capaces de traer un verdadero progreso para el pueblo cubano.

EJERCITO E INSTITUCIONES ARMADAS

Poco que decir al respecto, los militares que derrotaron a Fulgencio Batista, formaron el embrión de las Fuerzas Armadas, dependientes absolutamente de sus jefes militares durante la Guerra y ahora devenidos en gobernantes vitalicios, siguen siendo sus subordinados como antes, nada ha cambiado. El ejército y todas sus instituciones tienen una clara filiación política, no defienden a todos los ciudadanos, defienden a sus simpatizantes.

Cuba y por consiguiente su ejército, han participado de forma reconocida en las siguientes acciones militares, Playa Girón (1961), Argelia (1963), Congo Brazzaville (1964 -65), Siria (1973-74), la Guerra de Angola (1975-1991) y la Guerra en Etiopía (1977-88), además de su conocida presencia en acciones guerrilleras en América Latina, cuyo máximo exponente lo constituye la guerrilla del Che Guevara en Bolivia, en un intento por expandir las ideas marxistas al resto del Continente. ¿Ha sido el hecho injerencia en otros Estados? ¿Qué se diría si guerrilleros de otro país intentan derrocar mediante las armas el Gobierno Cubano? Me pregunto si, de no haber desaparecido la URSS y con ella todo el socialismo, ¿habría participado la Isla en más guerras internacionalistas y elevado el número de víctimas inocentes?

Vale la pena ver qué ha sido de esos países que Cuba ayudó a liberar derramando la sangre de sus hijos. Veamos uno de los casos más representativos, el de Angola por ejemplo. José Eduardo Dos Santos, presidente desde 1979 hasta hoy, ha sido acusado de mantener uno de los gobiernos más corruptos de África, amasando una inmensa fortuna familiar una vez que alcanzó el poder y abandonó el socialismo, estableciendo el capitalismo y privatizando grandes sectores. En una población que vive mayoritariamente con menos de dos dólares al día, su hija es actualmente la mujer más rica de África. Nada que agregar, excepto la pregunta que pueden formularse muchas madres que perdieron allí sus hijos, ¿valió la pena el sacrificio?

De todas las acciones militares llevadas a cabo por la Isla, sólo una, ha sido en su territorio y en defensa propia, el resto de las intervenciones militares se justifican como las "misiones internacionalistas" de ayuda. Los miles de muertos cubanos son llamados por tanto, héroes internacionalistas; pero nada les devolverá la vida que perdieron a miles de kilómetros de su tierra, por causas como la de Angola.

La escaramuza de Granada en Octubre de 1983, cuando se produjo la condenable invasión norteamericana, no fue más que eso, por suerte, sólo una veintena de cubanos murieron, podrían haber sido cientos, o todos, de haber dado el líder la orden de resistir hasta el final.

Es la lógica de la política, cuando invado yo, es para liberar esos pueblos de los malos y cuando invade el otro, es para mantener esos pueblos oprimidos. En medio quedan los cadáveres de uno y otro bando.

Son conocidas las prerrogativas de los mandos y oficiales en cuanto a mejor nivel de vida que el resto de la población. Poseen acceso a restaurantes a precios bajos, a viviendas construidas por sus empresas y lugares de ocio entre otras. Se mantiene su absoluta fidelidad a toda costa. Resulta obvio que el Partido, el Estado y los militares, conforman una misma unidad.

Mediante el concepto de "La guerra de todo el Pueblo", se ha dado instrucción militar a la sociedad, haciéndola partícipe de una preparación militar como previsión de un supuesto ataque enemigo. Es decir, la defensa es de todos; pero los privilegios no.

Es destacable por eficiente el papel de la Inteligencia y la Seguridad del Estado. El espionaje al enemigo ha sido su plato fuerte y, sin dudas, lo han desarrollado bien. Es por eso que resulta altamente significativo e inexplicable, el hecho de haber procesado y fusilado oficiales de elevado rango, por la comisión de delitos asociados al tráfico de drogas, resulta contraproducente la ineficiencia mostrada en estos casos, ¿qué pasó para que la contrainteligencia no lo detectara?, ¿qué interés puede tener un sicario de Pablo Escobar para realizar afirmaciones sobre el Gobierno

Cubano y su vínculo con el narcotráfico? ¿Estará pagado por la CIA?

Parece probado que la Guerrilla colombiana de las FARC, está vinculada al narco y, se conoce que ha mantenido estrechas relaciones con el gobierno de Cuba y Venezuela. La historia dirá la última palabra, aunque tengamos que esperar.

La Protección y Defensa Civil de la población en caso de desastres naturales, ha funcionado bien.

En la actualidad, casi sin enemigos externos -al menos declarados- la acción de la Policía y los órganos de inteligencia, se centra en los llamados "disidentes", una tarea fácil, porque se sabe que éstos tienen como única arma sus ideas. También son blanco de sus acciones y pesquisas los periodistas independientes, un ejercito armado de bolígrafos, cámaras fotográficas y teléfonos móviles. Tampoco escapa a su control cualquier manifestación fuera del arte admitido o la protesta de un ciudadano.

SISTEMA ELECTORAL

No es ocioso recordar, que en el Manifiesto de la Sierra Maestra firmado por Fidel Castro junto a Raúl Chivás y Felipe Pazos, uno de los propósitos refrendado decía textualmente: " (...) **Declarar bajo formal promesa, que el gobierno provisional celebrará elecciones generales para todos los cargos del Estado, las provincias y los municipios en el término de un año bajo las normas de la Constitución del 40 y el Código Electoral del 43 y entregará el poder inmediatamente al candidato que resulte electo".** No se realizaron, no se cumplió hasta transcurridos diecisiete años después del triunfo. El pueblo tampoco las reclamó. Soñaba y creía.

En 1976 se llevó a cabo el primer proceso electoral después del triunfo revolucionario de 1959. La Isla considera su sistema conceptual de democracia como propio y uno de los mejores del mundo.

El Sistema Electoral, contempla dos tipos de procesos, el primero, celebrado cada cinco años y que elige los Diputados a la Asamblea Nacional del Poder Popular, o sea el Parlamento. Son elegidos su Presidente, Vicepresidente y Secretario, además de elegir al Presidente, Primer Vicepresidente, Vicepresidentes, Secretario y demás miembros del Consejo de Estado. También son elegidos los Delegados a las Asambleas Provinciales y Municipales del Poder Popular y a sus Presidentes y Vicepresidentes.

El segundo proceso, considera Elecciones Parciales, en las que se elige a los Delegados a las Asambleas Municipales del Poder Popular -o Parlamentos Municipales- y sus Presidentes y Vicepresidentes. Se desarrollan cada dos años y medio.

La singularidad de este proceso estriba en que sólo existe un Partido en Cuba -no se permiten otros- ningún candidato realiza campaña electoral, ni a su favor, ni en contra de otro, el programa electoral -que se entendería como los lineamientos y políticas desarrolladas por el Estado en beneficio del pueblo- es también único y corresponde al Partido Comunista -como máximo dirigente de la Sociedad- su elaboración, para ser aprobado, o no, por el Parlamento Nacional. Siempre se aprueba.

Según el artículo 171 de la Ley Electoral: **"Todo elector solo tomará en cuenta, para determinar a favor de qué candidato depositará su voto, sus condiciones personales, su prestigio, y su capacidad para servir al pueblo..."** Bastante sencillo escoger por quién votar, no parece lógico que otros países se compliquen tanto para ello, ¿verdad?

La Comisión Electoral Nacional, la nombra el Consejo de Estado y a su vez, ésta nombra las Provinciales, quien a su vez elige las Municipales. Estas últimas nombran los miembros de las Comisiones de Circunscripción, es decir, la

122

base. En ningún caso estas Comisiones son elegidas por los ciudadanos.

Los candidatos son elegidos y presentados por las Comisiones de Candidaturas, que se integran por los dirigentes de los organismos siguientes: Asociación Nacional de Agricultores Pequeños, Central de Trabajadores, Federación Estudiantil Universitaria, Comités de Defensa de la Revolución, Federación Nacional de Mujeres Cubanas y Federación de Estudiantes de la Enseñanza Media. A su vez, los representantes de estas organizaciones, son nombrados o elegidos previamente por el propio Estado y forman parte de sus estructuras. No son independientes. Un ejemplo real, representativo de estas organizaciones -que se presentan como la Sociedad Civil- lo constituye el hecho de designar el primer secretario del Partido de una provincia, para presidir la Asociación Nacional de Agricultores Pequeños. Otro ejemplo, ¿cómo es posible que antes de concluirse el proceso eleccionario, en corrillos de mandos intermedios, directores de empresas y enchufados se conozca que va a ser sustituido el Presidente de la Asamblea Provincial e incluso, quién va a ocupar el cargo? ¿Democracia? Sin comentarios.

La Comisión creada a nivel Nacional, hace una propuesta para Presidente, Vice y todos los miembros del Consejo de Estado, partiendo de quienes resultaron elegidos inicialmente en las bases. La propuesta es aprobada por el voto de los Diputados en primera vuelta de manera no secreta y si es aceptada en principio, entonces se vota secretamente. Un poco extraño al parecer este tanteo. En caso de que cualquiera de los propuestos no alcance los votos necesarios, la propia Comisión de Candidatura, realiza otra propuesta, nunca se proponen los candidatos por los propios Diputados.

Las Comisiones de Candidatura para Provincia y Municipio, las conforman los mismos organismos que la Nacional,

designados por las Comisiones Electorales de cada una de las instancias. Las propuestas de
Candidatos son realizadas a partir de los que resultan electos en las circunscripciones.

Las propuestas en la circunscripción para precandidatos, se realiza a viva voz por el proponente. Es conocido que se designa a militantes y personeros como jubilados del Ministerio de Interior, para que formulen las propuestas que son **"de interés"** del partido, a reserva de que otros también pueden proponer el candidato que deseen, eso es cierto, otra cosa es que tengan éxito si no cuentan con el visto bueno del oficialismo. En caso de que sea propuesto un disidente -como ya ha sucedido- se le acusará de enemigo pagado por el imperio y se ejecutará campaña con los electores -casa por casa, si fuera preciso- para que no voten por éste. Aquí, si se hace campaña.

No se permite la participación en las elecciones a ciudadanos cubanos que no residan en Cuba. Los militares y en teoría todos los ciudadanos, pueden elegir y ser elegidos. La ley electoral recoge también que el Partido Comunista no postula ni promueve candidatos; pero... es el Consejo de Estado el que selecciona la Comisión Electoral Nacional. Durante el mandato de Fidel Castro, fue siempre, presidente de los Consejos de Estado y de Ministros, Secretario de Partido Comunista y Jefe del ejército. Ahora, es su sucesor y hermano quien ocupa todos los cargos. ¿Casualidad, infinitos méritos o Democracia?

Se ha anunciado una nueva Ley electoral para 2018, fecha en la que según ha manifestado Raúl Castro dejará, al menos, parte de los cargos. Toda una incógnita. Es llamativo que no se ha solicitado la opinión del pueblo y su elaboración es en silencio, nada trasciende. Me pregunto: ¿qué se modificará si se afirma que el Socialismo es irrevocable, que no se permiten partidos políticos, que el Estado es el único que negocia y que no se puede acumular riqueza? Si estos conceptos no cambian, ¿será necesaria la nueva ley electoral? Casi se podría entonces afirmar: ¿elecciones para qué?, como dijera Fidel Castro.

Es contraproducente que mantengan la afirmación de contar con la inmensa mayoría del pueblo y que a toda costa se evite que éste se pronuncie de manera real en unas elecciones, libres, plurales y justas.

La pregunta obligada sería, ¿es el sistema electoral cubano actual garante de un Estado de Derecho Democrático?

Veamos el concepto de Democracia y Estado de Derecho. **"En sentido estricto, la democracia es una forma de organización del Estado, en la cual las decisiones colectivas son adoptadas por el pueblo, mediante mecanismos de participación directa o indirecta, que confieren legitimidad a sus representantes. En sentido amplio, democracia es una forma de convivencia social en la que los miembros son libres e iguales y las relaciones sociales se establecen de acuerdo a mecanismos contractuales".**

"El Estado de derecho, es la forma política de organización de la vida social por la que las autoridades que lo gobiernan están limitadas estrictamente por un marco jurídico supremo que aceptan y al que se someten en sus formas y contenidos. Por lo tanto, toda decisión de sus órganos de gobierno ha de estar sujeta a procedimientos regulados por ley y guiados por absoluto respeto a los derechos fundamentales".

Si revisamos el enunciado de estos conceptos, podremos concluir por todo lo que hemos visto hasta ahora, que el gobierno cubano no es, ni democrático, ni constituye un Estado de Derecho.

La definición que más se corresponde con su estructura y accionar es más semejante a una dictadura, veamos el concepto: **" Dictadura es una forma de gobierno en la cual el poder se concentra en torno a la figura de un solo individuo (dictador) o élite, generalmente a través de la consolidación de un gobierno *de facto*, que se** caracteriza por una ausencia de división de poderes, una propensión a ejercitar arbitrariamente el mando en beneficio de la minoría que la apoya, la independencia del gobierno respecto a la presencia o no de consentimiento por parte de cualquiera de los gobernados y la imposibilidad de que a través de un procedimiento institucional -elecciones libres- la oposición llegue al poder. El dictador puede llegar al poder tras un golpe de estado efectuado por una coalición cívico-militar, o por las fuerzas armadas. De esta forma se crea una dictadura, sostenida por el poderío del aparato militar"

Llama la atención que en Venezuela, fiel aliado de Cuba, su presidente Nicolás Maduro manifiesta, abiertamente, que la oposición no llegará al poder ni con votos, ni con balas. Democracia en estado puro.

ECONOMIA Y DESARROLLO

Un indicio claro sobre el concepto y "prioridad" que tuvo Fidel Castro en relación a la economía y su necesaria eficiencia, lo encontramos en sus propias palabras, cuando el 2 de Diciembre de 1986 decía: "(...) la creencia ciega, o que empezaba a ser ciega, de que la construcción del socialismo es, en esencia o fundamentalmente, un problema de mecanismos. (...) pienso que la construcción del socialismo y del comunismo es, esencialmente, una tarea política y una tarea revolucionaria; tiene que ser, fundamentalmente, fruto del desarrollo de la conciencia y de la educación del hombre para el socialismo y para el comunismo. Esto no niega la utilidad y el valor que puedan tener determinados mecanismos, incluso mecanismos económicos, ¡sí, mecanismos económicos! Pero para mí está claro que los mecanismos económicos son un

126

instrumento del trabajo político y del trabajo revolucionario, un instrumento auxiliar; me atrevo a decirlo así; los mecanismos económicos son medios auxiliares, instrumentos auxiliares del trabajo político y revolucionario, pero no la vía fundamental de la construcción del socialismo y del comunismo. No tengo ni la más remota duda de que la vía fundamental es el trabajo político y revolucionario".

Sin dudas tuvo la inmensa suerte durante treinta años, de contar con un enorme subsidio, -estimado entre 4 y 6 mil millones de dólares anuales- lo que le permitió llevar a cabo sus planes de **"conciencia",** habría que ver lo que podría haber pasado sin este financiamiento y lo que realmente habría hecho sólo con trabajo político -sin dinero- aunque una muestra la recibió el pueblo con el llamado "Periodo Especial", donde la hambruna, las enfermedades asociadas a la desnutrición, la falta de electricidad, de transporte y toda suerte de carencias marcó la población cubana para siempre. Le cabe el mérito de ser un excelente político -no me refiero a lo acertado o no de sus ideas, sino a su poder para arrastrar a las masas- pero lo que también resulta innegable, es que es un pésimo economista, que con sus políticas evidenció -una vez desaparecido el subsidio- su ineptitud y la del sistema para crear riquezas mediante la propia gestión del país, la aplicación de su receta llevó la Isla a la ineficiencia, el endeudamiento, la pobreza y la ruina. Y aún tuvo mucha suerte al encontrar a Hugo Chávez.

Todo parece indicar, que a diferencia de su hermano, Raúl Castro es la cara opuesta de la moneda, no tiene dotes de gran líder político, ni la oratoria y desarrollo intelectual de Fidel; pero en cambio, trabaja más sobre la eficiencia y eficacia de aplicar conceptos económicos aceptados universalmente y probados fehacientemente, -no son mecanismos- con independencia
de la necesidad acuciante de financiamiento que atenaza el país y que le obligan a ello por elemental supervivencia.

Muestra en todo caso mayor sentido común y vive más próximo a la realidad que al idealismo.

Soy de los que piensa que Raúl siempre ha tenido estos criterios y, me permitiré la libertad de especular sobre un hecho ocurrido a raíz de una visita suya a China, asociándolo a su ideario económico. En aquel entonces, a los directores de empresas socialistas, les sorprendió recibir una encuesta sobre un grupo de aspectos relacionados con la gestión empresarial, en ella se solicitaba su opinión en relación a temas que constituían un reclamo silencioso de éstos. Nunca más se habló de ello; pero muchos años después, una vez que asumió el poder real, se han puesto en práctica.

Me atrevo a aventurar otra opinión, si no fuese que Fidel Castro ha permanecido con vida hasta ahora, Raúl habría ido mucho más allá en sus reformas. Creo que en un periodo prudencial a partir de ahora
–quizás un año o incluso menos- profundizará los cambios.

Por cierto, el reciente fallecimiento de Fidel Castro, ha añadido a la larga lista de situaciones absurdas y prohibiciones sin sentido, otro detalle -más propio de Corea del Norte- al prohibir a los presentadores de la televisión estatal, dar los buenos días al iniciar el noticiero televisivo. ¿Qué podrán pensar estos periodistas y sus compañeros al respecto? ¿Qué piensa Ud.? Tampoco se autoriza la venta de bebidas alcohólicas mientras dure el funeral. Todos tristes, es la orientación del actual líder.

El dinero, así como la política monetaria cubana, no han escapado a los vaivenes.

El uso del dólar ha sido prohibido y condenado primeramente y permitido a posteriori hasta 2004, cuando se sustituye su uso por una nueva moneda: "el peso convertible", sustentada -mediante el cambio obligatorio- por las divisas extranjeras. También su penalización ha variado con los años y circunstancias específicas en cada momento. Sólo el cambio del dólar a peso convertible, elimina ya un por ciento del poder adquisitivo de la moneda norteamericana.

La existencia de dos monedas en el país, origina distorsiones importantes en la economía, al considerar contablemente el cambio de uno por uno para las empresas que trabajan con ambas monedas, mientras otras sólo operan en moneda convertible. En tanto, su efecto en la población, es lastrar su poder adquisitivo, pues el salario que recibe es en pesos cubanos y debe cambiarlos por pesos convertibles para acceder a los productos no incluidos en la cartilla de racionamiento -que cada vez son menos- por otra parte, en el negocio privado de productos y servicios, los precios se comportan similares o incluso mayores, da igual el tipo de moneda empleada. La doble moneda, o su efecto al pagar en pesos cubanos equivalentes a su valor, acentúan diferencias entre las empresas y las personas.

Hay que recordar obligatoriamente, que al triunfo de la revolución, el peso cubano gozaba de una estabilidad absoluta y su valor era equivalente al dólar. Entonces Cuba tenía la tercera mayor reserva internacional de divisas de Latinoamérica, con 19 mil millones de dólares a los precios actuales.

La unificación monetaria y, por tanto la eliminación de semejante lastre actual en la economía, es un asunto complejo. Con los bajos salarios existentes -ante una hipotética unificación de ambas monedas- se produciría un desplome aún mayor del poder adquisitivo de la población - de mantener los precios actuales- y podría traer consecuencias muy graves. Por otra parte, los insuficientes niveles de productividad, eficiencia y por tanto de producción actuales, no aconsejan realizar el necesario incremento salarial. Completa el sombrío panorama, la resistencia del gobierno a realizar una mayor apertura a la iniciativa emprendedora interna y otras medidas que coadyuven a dinamizar la creación de riqueza, que en definitiva, es el objetivo final. En una palabra, se niega a aceptar definitivamente una Economía de Mercado, llámese socialista como en China, Próspera o como gusten; pero que solucione el problema, que eleve el consumo interno en el menor plazo posible y tenga una incidencia en la producción, la renta y el empleo, con el consiguiente beneficio en la elevación del nivel de vida de la población y la prosperidad del país. Deseable además para los inversores externos, que lo recibirán como una señal de seguridad y confianza.

Siempre se estará a tiempo de realizar políticas sociales adecuadas para los más rezagados. Hoy en día más del 90 % de la población –siendo optimistas- lo son.

Otro factor que atenta contra el buen desempeño de la economía, es el mercado negro -problema endémico- que, como se sabe, se sustenta generalmente en la sustracción de productos en empresas y organismos estatales, con las consecuencias conocidas. Hasta ahora su erradicación ha sido imposible y sólo desaparecerá, cuando exista una oferta que satisfaga las necesidades a precios asequibles, normales.

Contribuye negativamente en la eficiencia, la abultada estruc tura de las organizaciones, -que conforman la sociedad civil designada por el PCC- las llamadas organizaciones de masas, que forman estructuras improductivas y que durante años, se han encargado –como única función- de la propaganda político-ideológica y del adoctrinamiento y control de la población. Ocasionando de esta manera un elevado gasto al presupuesto en recursos humanos y materiales, y, cuyos resultados, son cada día más dudosos, por no afirmar que nulos. ¿Pasaría algo si desaparecen?

Con un proyecto económico claro y viable, con transparencia en su explicación y aplicación, de seguro la ciudadanía estaría dispuesta a otro periodo de sacrificio   -

130

uno más- si lo percibe como una solución real y definitiva, implicándose totalmente en él con renovada esperanza.

No ha sido posible hacer realidad lo que Fidel Castro -hace exactamente treinta años- afirmara: **"(...) de avanzar por los caminos del comunismo, de desarrollar la teoría y la práctica revolucionaria; de demostrar que el socialismo no solo es absolutamente superior al capitalismo en la esfera de la educación, o de la salud, o el deporte, u otras cosas en que ellos aceptan que hemos tenido progreso, si no hay que demostrarles a los capitalistas que los socialistas, los comunistas, somos capaces de ser, a través de la vergüenza, del honor, de los principios y de la conciencia, no una vez, ni dos veces, ¡diez veces más capaces de resolver los problemas del desarrollo de un país!, ¡que somos más capaces que ellos de ser eficientes en la esfera de la producción material! ¡y que una conciencia, un espíritu comunista, una vocación y una voluntad revolucionarias, fueron, son y serán siempre mil veces más poderosas que el dinero!"(...)** .

Recientemente, él mismo ha afirmado también que el sistema económico cubano, no sirve ni a los propios cubanos. Aleccionador sin dudas. Está fehacientemente probado, que el talón de Aquiles del Socialismo es su Sistema Económico, como mal principal, además del resto.

No obstante la experiencia, el gobierno ha apostado como soluciones preferentes para salir del "abismo", básicamente aquellas alternativas que le permiten mantener el control total de la sociedad. La primera, en línea con el enunciado de Fidel en Mayo de 1986 sobre la "Economía del Conocimiento", por aquel entonces, comprobado ya parte del fracaso, afirmó: **"(...) viviremos del Capital humano. Con ese Capital humano podemos ayudar a muchos, con nuestra experiencia podemos hacerlo, y con esa experiencia podemos ayudarnos a**

nosotros mismos. El crecimiento futuro del país debe basarse en el aprovechamiento de su capital humano, como ventaja creada por la revolución, y eso significa ir a una Economía del Conocimiento (...)
Aquí serían considerados los médicos y todo aquel que es enviado a prestar servicios en el exterior, con el tipo de contrato que ya hemos visto y que más bien se asemeja a un tipo de esclavitud moderna.

Cuba exporta hoy menos que en el año 1959, me refiero a bienes reales, tangibles, no al cobro procedente de médicos y otras personas alquiladas. El monto neto de las actuales exportaciones es inferior al de República Dominicana. Increíble.

Desde casi el inicio de la República, en el año 1957 -excepto en 1921- la balanza comercial cubana fue siempre positiva. Todo un record para una pequeña Islita subdesarrollada. En ese mismo año, la economía cubana ocupaba el lugar 29 a nivel mundial y era la quinta economía en Latinoamérica, ¿cuál ocuparía hoy?

En segundo lugar, otro ingreso en incremento, son las remesas desde el exterior, destinadas a las familias, procedentes de aquellos a quienes se decalaran "no cubanos". Un buen negocio para el gobierno, muy eficiente; pero muy mala señal para el país cuya población decrece constantemente.

La mayor esperanza recae ahora en la puesta en marcha de la Zona Especial de Desarrollo de Mariel y la oferta de una cartera de Inversiones de interés nacional destinada a la captación de capital fresco extranjero, que oxigene la estancada economía. Después de expropiarlo todo, ahora volvemos a permitir e incluso desear, a los capitalistas. Campos de golf incluidos.

Cualquiera podría pensar que se han perdido en gran medida estos 58 años, entre ideologización, ineficiencias y rectificaciones.

132

Pese a los esfuerzos en este sentido y a las múltiples visitas de posibles inversores, no marcha según lo previsto. Es significativo que la fuerza de trabajo, sea seleccionada y suministrada por una Empresa empleadora Estatal como intermediaría, entidad que recibe el pago por dicha fuerza de trabajo y abona el salario fijado por ella a los empleados. ¿Es la modalidad interna de la referida "Economía del Conocimiento"?.

Al parecer, los potenciales inversores no perciben todas las garantías y seguridad a las que aspiran para abrir sus bolsillos. No es casual, que el Ministro de Comercio Exterior -Rodrigo Malmierca- recientemente afirmara que "la inversión no es vista por el Estado como un mal necesario, sino que es deseada para el desarrollo del país". No caben dudas que el otrora aborrecido dinero -símbolo del despiadado capitalismo- ahora se desea que regrese para quedarse, aceptándose como símbolo de prosperidad, más allá del diploma y el reconocimiento. Les ha costado muy caro aceptarlo de nuevo.

Por otra parte, además de las exportaciones de los renglones tradicionales, apuesta por el turismo, en buena medida impulsado por la apertura propiciada por el mandatario Obama. Objetivo que afortunadamente, avanza.

En lo interno, la voluntad de desarrollar la actividad de los trabajadores por cuenta propia y las pequeñas y medianas empresas, no se impulsa con el mismo ímpetu gubernamental. Lo primero que cabría señalar es lo contraproducente que resulta la no preparación previa y creación de condiciones para su correcto desarrollo. No se entiende que aún el Estado, no garantice un mercado mayorista para este tipo de actividad comercial -con precios más bajos que el mercado minorista-que posibilite la obtención de márgenes comerciales y las correspondientes utilidades. ¿Cómo es posible que quienes concibieron su creación, no hayan tenido esto en cuenta? ¿Habrán razones por las que se evita brindarles la posibilidad?, ¿no sería la mejor manera de evitar el contrabando y el desvío desde el Estado, o creen que ello lo incrementaría?, ¿de dónde pensaron que iban a adquirir sus suministros legalmente? Lo cierto es que de la forma en que operan éstos en la actualidad, están más expuestos a cometer una infracción y que les sea cerrado su negocio, como ha ocurrido recientemente en algunos casos. ¿Es casual que pase esto? Seguramente será mucho más fácil su solución de lo que se piensa. Tampoco se les ha concedido aún personalidad jurídica. Al parecer, la actividad privada interna, sí constituye un mal necesario.

Con el anuncio de que no se permitirá la acumulación de riquezas en manos privadas, se conseguirán dos posibles escenarios, el primero, no declararán parte de los ingresos y el segundo, los menos interesados en buscarse problemas, trabajarán hasta tanto no se traspase la línea marcada -bastante confusa hasta ahora- en ambos casos, la consecuencia será la misma, menos dinero al Estado y menos dinero a revertir en la sociedad.

Desde hace varios años, con el surgimiento de las Tiendas de Recaudación de Divisas -las llamadas TRD- entre otras, se ha ido incrementando la dirección por parte de militares de alto rango, de casi todas las actividades estratégicas ligadas a la obtención de divisas. Con la militarización de estos sectores importantes de la economía, el gobierno se garantiza -o cree que así sea- mayor fiabilidad y disciplina. No confía demasiado en los civiles. ¿Será casualidad que Venezuela ha comenzado este proceso de militarización de sectores estratégicos?

En cuanto a la deuda externa del país, han pasado de considerarla impagable, como se esforzó en convencer al mundo Fidel Castro -otra falta de visión absoluta a su cuenta- a renegociarla con los acreedores. Sólo a los países que forman el Club de París, se debían once mil millones. Rusia y otros muchos países también perdonaron -total o parcialmente- las cantidades adeudadas por la Isla.

Es el reinicio de otro nuevo ciclo. Pongamos el contador a cero nuevamente.

Cuba no ha podido cambiar el mundo ni las reglas del juego, e intenta ahora adaptarse a él para no perecer. A lo largo de los años se empeñó en decenas de millones de dólares, hasta el año 2013, el monto de la deuda externa cubana se estimaba en más de 60 mil millones de dólares, a un ritmo de endeudamiento promedio de mil millones por año de socialismo.

Debe reconocerse -según la información disponible- que se ha desarrollado un proceso de negociación de la deuda muy satisfactorio para la Isla, gracias a ello le han sido condonados una gran parte de sus adeudos, teniendo como trasfondo, las nuevas y tentadoras expectativas creadas al capital foráneo por el acercamiento con EEUU y que generan por tanto un incentivo a la participación de empresas e inversores. Ya se verá si lo hecho hasta ahora, logra atraer definitivamente las inversiones necesarias en un futuro mediato.

Sería tan deseable que quedase sin efectos en bloqueo o embargo que sostiene el gobierno de EEUU para con la Isla, como que ésta permitiera espacios de mayor libertad a sus ciudadanos. Es innegable que esta ley, además de haber constituido la excusa permanente como causante de casi todos los males de país -sean o no a consecuencia de ella- agrava la economía de Cuba y repercute en su pueblo. También es cierto que el gobierno cubano se resiste a otorgar ninguna posibilidad de independencia en la gestión hacia, y desde el exterior a la actividad privada. Un diálogo de sordos es difícil. ¿Cree Ud. que sin bloqueo cejarán los males de la economía y se podría tener al fin, el vaso de leche anunciado por Raúl Castro, sin que Cuba realice reformas internas adicionales?

Según el canta-autor Silvio Rodríguez: "(...) **todas las estupideces económicas que hemos cometido, deberían**

cambiarse (...)". ¿Cree que se han cambiado ya todas las que deben serlo?

La formulación por el Partido Comunista del "Modelo Económico y Social y el Plan de Desarrollo hasta el 2030", constituye la previsión y guía de la futura acción gubernamental, tanto en el ámbito económico, como socio-político, obviamente se corresponde con su patrón ideológico y su particular esquema al respecto. Viene siendo el proyecto de país al que me he referido antes. Es, o pretende serlo, el legado de la llamada "generación histórica" que inició la revolución, por llamarlo de alguna forma.

La Conceptualización, además de ratificar todo el ideario político precedente del Partido Comunista -enunciado ya en infinidad de ocasiones anteriores- se presenta ahora con ligeros retoques y aspectos nuevos, sobre todo en lo concerniente a la economía. El país ideal descrito en esta última versión, debe alcanzarse en 2030. Exactamente faltan para ello catorce años, completándose para ese entonces, setenta y un años desde el triunfo de 1959. Parece mucho tiempo de experimentación. Serían mejor recibidas medidas que, en lugar de formularse como objetivos a quince años, se planifiquen con la inmediatez que la población requiere. ¿Qué pasaría si no se cumple -una vez más- con el enunciado victorioso?

En el Documento aparece por primera vez la aceptación del surgimiento de diferentes capas o clases sociales, aunque no se menciona de forma explícita, sino que lo aborda como diferencias en la remuneración obtenida con arreglo al trabajo.

Se da por sentado un incremento en la productividad y producción de las empresas estatales para ese entonces, promoviendo el interés de los trabajadores mediante el uso de políticas de incentivación, tanto material como otras formas de estímulos. En este escenario futuro, no han de existir las carencias que a lo

136

largo de todos estos años, han afectado y afectan los procesos productivos, es decir, materias primas y combustibles entre otros muchos. Nada que ver con la realidad actual. ¿Será posible ahora, cuando van quedando cada vez menos incondicionales?

En los nuevos conceptos, se acepta la propiedad privada y la aparición de la figura de "persona natural y/o jurídica". Se permite, en teoría, la pequeña y mediana empresa, e incluso que un cubano -con domicilio en la Isla- tenga la posibilidad de invertir mediante la asociación a una empresa estatal, constituyendo así una forma de propiedad mixta. El epígrafe 169 dice textualmente: **"Bajo este concepto se consideran las entidades constituidas como resultado de la integración de la propiedad socialista de todo el pueblo con otras, pertenecientes a personas naturales o jurídicas, nacionales o extranjeras, para la producción y comercialización de bienes o servicios y la obtención de utilidades".**

Surge una obligada pregunta, puesto que en el epígrafe 176, se afirma que se regularán los límites de la propiedad y la tenencia de riqueza en manos privadas, luego entonces, si una empresa mixta de este tipo logra un sostenido incremento de las utilidades, con el consiguiente enriquecimiento legal del asociado no estatal -cubano y nacional- entonces, qué harían, ¿se le confisca?, ¿será considero ya de por sí un delito acumular riqueza? ¿Querrá asociarse algún autónomo al estado con este hándicap de por medio?

Parece contradictorio que se aborde el tema del envejecimiento de la población -como cuestión importante- y en absoluto se mencione una de las causas fundamentales, es decir, la indetenible migración, ¿será que en el 2030 ya nadie intentará escapar?

Es sensato que se comience a tener en cuenta la protección efectiva del consumidor y la promoción de seguros e indemnizaciones en los enunciados del Modelo.

Los propósitos descritos en el Plan de Desarrollo Económico y Social hasta 2030 -cuya aplicación garantizará teóricamente alcanzar el país deseado en el "Modelo" -bien pudieran ser los objetivos correctos de cualquier nación en vías de desarrollo; pero su consecución ha de pasar necesariamente, por una apertura real de índole política, social y económica. Con las mismas recetas, nunca se logrará el desarrollo deseado, tengamos en cuenta que no lo logró la extinta URSS, con todos los recursos naturales de que disponía, incluidos los energéticos. ¿Cree que se podrá revertir la situación actual con las variantes propuestas hasta ahora por el nuevo gobernante?

Raúl Castro llegó al dirección de la Isla en el año 2006 - han transcurrido diez años ya- poco ha mejorado la vida del ciudadano, sin embargo, bien podría ser el tiempo mínimo necesario para que el país, partiendo de las premisas anteriores de apertura, se transforme y muestre al mundo la pujanza e iniciativa de sus ciudadanos.

José Mújica, amigo de Cuba y ex presidente de Uruguay, refiriéndose a la Isla manifestó: **"se cae a pedazos, se cae de vejez".** ¿Coincide o discrepa Ud. con este viejo revolucionario y socialista?

CAPÍTULO X

OTROS ACTORES POLITICOS. DISIDENCIA

La oposición al Gobierno cubano es casi tan antigua como éste. Ya desde los primeros años después del triunfo, se produjeron alzamientos armados, seguidos por la invasión de Playa Girón, y una larga historia de sabotajes y asesinatos terroristas e intentos de eliminación física de Fidel Castro, sabotajes a la economía y todo tipo de acciones con el único propósito de derrocar el gobierno, en todos ellos, estuvo presente la colaboración del gobierno de EEUU. Esto es una evidencia irrefutable. Todos fracasaron.

La representación más longeva y agresiva de la oposición, languidece en Miami y cada día es menos escuchada y tenida en cuenta desde el punto de vista de su promoción de la violencia como vía para realizar su proyecto político. Las nuevas generaciones no comparten sus métodos y doctrinas, no obstante compartir su objetivo, es decir, el término del Comunismo en Cuba. También Cuba ha ejecutado actos deleznables, como el hundimiento del Remolcador "13 de Marzo", donde perdieron la vida 37 personas desarmadas, incluyendo diez menores de doce años. No se justifican tampoco muchos fusilamientos a personas que no llegaron a ejecutar ninguna agresión, ni dañar físicamente a nadie. Todos los asesinatos son repudiables, sean cometidos por unos u otros.

En la década del noventa, surge otra forma de oposición, en este caso desde dentro de la Isla y apostando por vías pacíficas para promover un cambio en el sistema político. En 1997 el hijo de Blas Roca -fundador del Partido Comunista cubano- Vladimiro Roca, quien había sido incluso condecorado por su desempeño en la Guerra de Angola, envió al Congreso cubano, una petición titulada "La

Patria es de Todos", solicitando reformas democráticas y de los derechos humanos. Como respuesta, él y sus colaboradores fueron a prisión, acusados de realizar actividades consideradas terroristas y por su relación con grupos calificados de contrarrevolucionarios.

En el año 2001, otra iniciativa bajo el nombre de "Proyecto Varela" -en honor al padre Varela- y liderada por Oswaldo Payá, reúne once mil firmas para solicitar un referéndum sobre el sistema político. El mencionado Proyecto, recibe el apoyo explícito del ex-presidente Jimmy Carter durante su visita a Cuba en el año 2002, esto provoca como reacción de Fidel Castro, la modificación de la Constitución que legalizaba la acción llevada a cabo por Payá y el resto de cubanos que le secundaron, su cambio declara el carácter irrevocable del Socialismo en Cuba. "Una muestra fehaciente de que se escucha el pueblo y que éste puede incidir en los destinos de la nación". Con los casos de Roca y Payá, se dio el portazo definitivo a las posibles vías democráticas y la estocada final a las libertades. ¿Cómo argumentar que las elecciones son democráticas cuando la respuesta a diez mil ciudadanos fue esta? ¿Incluirá este hecho Silvio Rodríguez cuando se refiere en su canción inédita a "botar el sofá"?

En otra nueva ola de represión, en el año 2003, fueron encarcelados y condenados a largas penas un grupo de opositores,   setenta y cinco en total,   el hecho se conoce como **"la Primavera Negra"**.

Esta vez, tal proceder de las autoridades cubanas se producía como respuesta -según su criterio- a acciones provocativas realizadas por Frank Calson, de la sección de intereses de Estados Unidos, quien había viajado por el país realizando intervenciones públicas y conferencias de prensa con los disidentes. Con la llegada de Raúl y mediante la mediación del Gobierno de España y la Iglesia Católica Cubana, la mayoría de estos presos logra salir del país, exceptuando unos pocos que aún permanecen en la Isla.

El movimiento llamado "Damas de Blanco", surge como un reclamo pacífico de mujeres familiares de los encarcelados en la lúgubre primavera, como reclamo a su puesta en libertad. Estas mujeres, desarmadas y de manera pacífica, recorren cada domingo el trayecto hasta la Iglesia Santa Rita en la Capital, siendo reprimidas supuestamente por el mismo pueblo; pero todos conocen la verdadera naturaleza de sus agresores. El gobierno se ampara en diferentes figuras delictivas para detener, e incluso encarcelar los opositores, evitando mencionar en todo momento que el verdadero motivo es político. De ahí la respuesta de Raúl Castro en la conferencia de prensa conjunta con el presidente Obama, afirmando que no hay en la Isla un sólo preso por esta razón.

En los últimos años, ciertamente se han ido ganando espacios, la aparición de blogs de denuncia, la creciente prensa independiente, el surgimiento de Cubalex -ONG formada por juristas independientes que desde dentro de la Isla, brinda de forma gratuita asistencia a la población interesada y defiende los derechos humanos- la denuncia en mayor o menor grado de un grupo de artistas e intelectuales -incluidos algunos reconocidos como oficialistas- preocupan muy seriamente el Partido Comunista, por las consecuencias que de ello pudieran derivarse en una población cansada de promesas y vicisitudes. El Partido trata de sostener el equilibrio entre el control social, la represión -con cierta mesura en ocasiones- el amedrentamiento y la opinión pública, sobre todo la opinión internacional, sumamente necesaria para sus actuales necesidades y proyectos. Llegado el momento, está claro que la preferencia se decantará por mantener el poder absoluto sin importar las consecuencias. Todo antes de perderlo.

Es muy revelador y alentador, el hecho de que en la actualidad se ha incorporando un nuevo sector que expresa sus desacuerdos -que si bien no se enmarca como la clásica oposición- si expresa descontentos e inquietudes de manera clara. Ahora las críticas se están produciendo desde las propias instituciones, incluso, militantes de organizaciones políticas comunistas, tal es el caso de los jóvenes periodistas de Santa Clara u otros casos aislados. Han quebrado el miedo y lo han hecho con una contundencia comparable a la de un mazazo sobre la cabeza. No hay, ni habrá, respuesta posible por parte de los representantes del Partido y el Gobierno -en las diferentes instituciones- si los argumentos son evidentes y contienen verdades como puños. Sólo les queda en ese caso, la imposición; pero cuanto mayor sea ésta, más argumentos darán a los que expresan libremente sus opiniones y puntos de vista. En todo caso es muy valiente la actitud de todos ellos. Los unos, arriesgando su libertad e incluso su integridad física en defensa de sus ideas y, los otros, sus trabajos y posibilidades de progreso como mínimo, algo que debe tenerse muy en cuenta. Todos se oponen, de una u otra forma, a la falta de libertades y derechos. En el caso de la oposición clásica, lo cierto es, según mi opinión, que no obstante algunos pequeños avances, no han logrado conectar con el pueblo, al no existir un liderazgo claro que logre impulsar y encausar una protesta generalizada, superando definitivamente el miedo de la ciudadanía -cuyo papel se reduce al de mero espectador- pese a que el estado de ánimo de un amplio sector es de rechazo al actual gobierno y sus políticas.

Sin apoyo del pueblo, no habrá cambio, éste es el único actor posible que puede lograrlo con su masiva participación. Nadie se atreverá a masacrar un número tal de ciudadanos, que supondría la inmediata rebelión mayoritaria del resto de la población y el descrédito y condena de todo el mundo, lo que sin dudas acarrearía consecuencias inmediatas y devastadoras para el Partido Comunista.

CAPÍTULO XI

UNA OPINION FINAL

No se requiere mucho análisis para constatar que el balance del período revolucionario, no muestra un resultado general favorable, más bien todo lo contrario. Muchos aspectos de suma importancia, no admiten ni la menor comparación posible entre las circunstancias existentes al inicio y las actuales, en favor de las primeras.

Sin embargo, desde mi punto de vista, lo verdaderamente relevante sería la comparación de cómo estaba la Isla, en relación a la proyección de cómo podría estar en estos momentos, una vez derrotada la dictadura de Batista -paso previo e imprescindible- restableciendo una sólida democracia -tal y como se prometió en un principio por Fidel Castro- y desarrollando unas políticas sociales adecuadas. Entonces, sí la Historia le habría absuelto.

Cualquier criterio al respecto de cómo sería hoy la Isla, no pasa de ser una especulación; pero si tomamos como referencia sólo tres elementos -tal vez y, sólo tal vez- podríamos encontrar la respuesta, todos son muy simples; pero reales, demostrados. Desde inicios de 1959, la ciudad de Miami se vio invadida por los isleños que huían del país, así se formó la llamada "Little Havana". Ha sido notorio el empuje de los cubanos, quienes junto a otros latinos, han hecho de esta ciudad una de las más importantes de EEUU. La ciudad se ha convertido en un importante centro financiero-comercial y se distingue por ser una de las más turísticas, como centro del mayor volumen de cruceros del mundo. Respira dinamismo y desarrollo. Ello muestra la capacidad de los ciudadanos de la Isla y constituye una muestra de lo que podrían hacer todos juntos en Cuba. Obviamente, también existen dificultades, como en todas partes. El segundo lo constituye el éxito irrefutable logrado por los emprendedores cubanos a partir del levantamiento del veto gubernamental. Se han desarrollado iniciativas de todo tipo, desde hermosos restaurantes hasta refinados servicios, pese a todo, incluidas las trabas internas. Bien con ayuda de familiares en el extranjero o sin ella, lo cierto es que el ingenio, el gusto y el trabajo sostenido de todos ellos, han mostrado la capacidad de la ciudadanía. El último elemento es la memoria. Los recuerdos que atesoran los mayores de la realidad de entonces, con sus sombras y sus luces, donde había que cambiar lo necesario; pero no desmantelar el país por entero. Es esa la República que se necesita y ha de refundarse, con desarrollo, protección social y libertades. No otra. No una que sacrifique las iniciativas individuales, que limite o condicione el desarrollo a la aplicación de una política sectaria y excluyente, que coarte los derechos y libertades en nombre de pírricas conquistas. Para ello sería deseable e imprescindible, además de justo, que participen todos sus hijos, los de todas las orillas. ¿Es que acaso no intenta reconciliarse con justicia el pueblo colombiano, cuya devastadora guerra exhibe una cifra de alrededor de ocho millones de personas que han sido víctimas, y, de una u otra forma, han sufrido sus devastadores efectos? Es precisamente paradójico, que sea Cuba quien haya contribuido con sus buenos oficios como mediador en ello.

Más que la propia economía de mercado o el capitalismo en sí, -como se empeña de forma tozuda el Partido Comunista en hacerle creer a la población cubana- los responsables de las ctuales y evidentes   diferencias, así como las profundas desigualdades existentes en el mundo, son los seres humanos, y, fundamentalmente, aquellos que presiden y dirigen los Gobiernos, cuyas prácticas corruptas, su colosal desinterés en muchos casos por la población, sus fobias, su degradación moral y ética, o su incapacidad manifiesta, lastran el objetivo de mayor prioridad de cada

Estado, que no es otro que su gente y su debida protección. Todos los extremos son dañinos, tanto lo es un socialismo que restringe las libertades y muestra una incapacidad manifiesta para crear las riquezas necesarias -repartiendo sólo pobreza- como un capitalismo sin control, donde la ambición desmedida muestra su cara más perversa y donde el dinero vale más que la vida misma. Eso, también es inadmisible. Quiero creer firmemente que el pueblo cubano ha aprendido lo suficiente de sus errores, más de cien años parecen suficientes.

Bajo ningún concepto la Isla debe ser conquistada nuevamente, ni por foráneos ni por nacionales. Los próximos gobernantes que han de ser elegidos en un futuro no muy lejano, habrán de revisarse con lupa, sus proyectos y capacidades, sus actitudes y aptitudes. El país habrá de dotarse de las herramientas jurídicas necesarias, que no permitan el establecimiento de nuevas dinastías y la proliferación de las lacras tan de moda hoy mundialmente. Su ejército deberá ser garante de los mejores valores y no el brazo represor al servicio sólo de una parte de los cubanos y en detrimento de la otra. Será una oportunidad inédita y única de construir la Nación que todos los cubanos desean. Bajo ningún concepto se ha de permitir que los mismos que hoy dirigen consorcios gubernamentales con disfraz de privados -como sucedió en buena medida en la URSS- se erijan como los ricos de mañana. Sería inmoral e ilegal.

Por desgracia, no existe la más mínima muestra por parte de Partido Comunista, de realizar un cambio de rumbo en sus políticas, ello precisa entonces que el pueblo debe ser quien le arrebate el timón; pero ¿cómo lograrlo?

La vía armada se descarta -salvo el ejército- en Cuba nadie tiene armas, además, el ejército ya gobierna. La vía democrática está cerrada, las elecciones no cambian nada y la Constitución impone por la fuerza el socialismo. Sin embargo, con una combinación de todos los medios posibles, puede llegar el éxito.

Hoy la mecha ya está encendida, es necesario un soplo constante de aire fresco, que sea capaz de mantenerla e incrementarla hasta formar una llama potente y más tarde una hoguera gigante. Llevará tiempo, nadie piense lo contrario; pero es posible.

Para ello se requiere la contribución de todos, el particular granito de arena de cada ciudadano. El empeño ha de ser pacífico -nunca emplear la violencia que desacredita y crea heridas más profundas-

se ha de aprovechar cada oportunidad, sin excepción, incluso, explicándole a los propios represores la posibilidad de un proyecto mejor, con persuasión, con argumentos, con inteligencia. Se trata de hacerles pensar y, sobre todo, comparar.

Cualquier escenario e iniciativa es adecuada para divulgar las deficiencias del sistema, sus errores y posibles soluciones, con respeto; pero con firmeza, sin descalificativos ni ofensas innecesarias. No hay que regalar vidas ni días de libertad. Recordemos a Gandhi.

Lograr la implicación popular a una escala representativa, tiene que ser el objetivo y la única vía. Hay que promover el intercambio, la discusión sensata, en el barrio, con la familia y amigos, en el centro de trabajo y las instituciones. Ir ganando espacios puntuales desde la base. Si fuera preciso, de puerta en puerta.

Cada cubano debe contestarse si está dispuesto a claudicar definitivamente en sus aspiraciones como individuo, a renunciar de por vida a sus derechos y a confiar eternamente su destino y el de su familia a un tipo de gobierno que se autoproclama eterno.

Como en todas las grandes transformaciones sociales, uno de los actores de gran relevancia lo constituyen los intelectuales de todas las esferas, tanto por su talento, como por su visibilidad mediática.

Los periodistas y comunicadores juegan un papel decisivo, al igual que los jóvenes, catalizadores por excelencia de las reacciones sociales. Absolutamente nadie vendrá a realizar las acciones que corresponden sólo a los cubanos.

No por simple placer, el Partido se empeña en impedir o retrasar el uso de las vías masivas de comunicación, sin embargo, hay que llevar el mensaje a la mayor cantidad posible de ciudadanos, mediante iniciativas novedosas y efectivas. Hay que cambiar la apatía, la falta de implicación del pueblo y mostrarles las razones de su imprescindible participación. Se trata de hacerles despertar del letargo definitivamente. He ahí el reto de los líderes. Es eso, o nada.

Un claro ejemplo del descontento -o cuando menos de preocupación- sobre el proyecto de gobierno y el liderazgo de sus octogenarios dirigentes, lo constituyen las opiniones vertidas por la subdirectora de Granma -Karina Marrón- en el VI Pleno Nacional de la Unión de Periodistas. Valiente y honesta intervención. Sus palabras confirman hasta donde, los propios representantes y dirigentes de las instituciones, sienten el hastío por el sistema y los máximos jefes. Hasta donde de profundo es el fracaso. Karina no es una periodista más, téngase en cuenta que Granma es "el órgano oficial del Partido Comunista" y ella, la segunda de a bordo. No parece sospechosa de estar pagada por el Imperio, al menos, no lo han declarado aún los guardianes del Socialismo. Basta con señalar algunas de sus expresiones para demostrarlo, por ejemplo, señalo algunas de sus ideas: *"Entonces, yo los invito a todos a unir fuerzas para eso. Pero sobre todo, a que quienes deciden no den dobles discursos; a que quienes deciden, cuando se enfrenten a este escenario de gente que sabe lo que se vive cada día en las redacciones, en la radio, en la televisión, en el más mínimo lugar de este país donde hay un periodista intentando defender esta sociedad que somos todos* (...)" y añadía más adelante en su intervención: **"Yo llamo la atención sobre esto porque estamos en una circunstancia en que el 2018 está a las puertas y todo se está apostando por esa fecha, y todo se está haciendo para que esa tormenta llegue allí en las peores circunstancias para este país. Entonces no es un momento para dudar, no es un momento para titubear, no es un momento para prestarles nuestras fuerzas, nuestras ideas a algo que no funciona y por eso muchas veces nuestros jóvenes se van, y por eso muchas veces nuestros jóvenes no están en las redacciones aun cuando haya gente que todavía sigue confiando y sigue tratando de hacer el periodismo de todos los días".**

El futuro inmediato necesita también de muchas Karina, que denuncien; pero que no permitan que su grito sea ahogado una y otra vez, sino que llegue a la sociedad, promoviendo la transparencia y participación, con honestidad y patriotismo verdadero. El cambio también se propiciará ineludiblemente desde dentro.

Cuba espera por el esfuerzo de todos sus hijos. Adelante.

CAPÍTULO XII

DECLARACIÓN UNIVERSAL DE LOS D.D.H.H

Según su opinión, ¿cuáles se cumplen en Cuba?

Artículo 1:
Todos los seres humanos nacen libres e iguales en dignidad y derechos y, dotados como están de razón y conciencia, deben comportarse fraternalmente los unos con los otros.

☐ SI   ☐ No   ☐ Parcial

Artículo 2:
Toda persona tiene todos los derechos y libertades proclamados en esta Declaración, sin distinción alguna de raza, color, sexo, idioma, religión, opinión política o de cualquier otra índole, origen nacional o social, posición económica, nacimiento o cualquier otra condición. Además, no se hará distinción alguna fundada en la condición política, jurídica o internacional del país o territorio de cuya jurisdicción dependa una persona, tanto si se trata de un país independiente, como de un territorio bajo administración fiduciaria, no autónoma o sometida a cualquier otra limitación de soberanía.

☐ SI   ☐ No   ☐ Parcial

Artículo 3
Todo individuo tiene derecho a la vida, a la libertad y a la seguridad de su persona.

☐ SI   ☐ No   ☐ Parcial

Artículo 4:
Nadie estará sometido a esclavitud ni a servidumbre, la esclavitud y la trata de esclavos están prohibidas en todas sus formas.

☐ SI   ☐ No   ☐ Parcial

Artículo 5:
Nadie será sometido a torturas ni a penas o tratos crueles, inhumanos o degradantes.

☐ SI   ☐ No   ☐ Parcial

Artículo 6:
Todo ser humano tiene derecho, en todas partes, al reconocimiento de su personalidad jurídica.

☐ SI   ☐ No   ☐ Parcial

Artículo 7:
Todos son iguales ante la ley y tienen, sin distinción, derecho a igual protección de la ley. Todos tienen derecho a igual protección contra toda discriminación que infrinja esta Declaración y contra toda provocación a tal discriminación.

☐ SI   ☐ No   ☐ Parcial

Artículo 8:
Toda persona tiene derecho a un recurso efectivo ante los tribunales nacionales competentes, que la ampare contra actos que violen sus derechos fundamentales reconocidos por la constitución o por la ley.

☐ SI   ☐ No   ☐ Parcial

Artículo 9:
Nadie podrá ser arbitrariamente detenido, preso ni desterrado.

☐ SI   ☐ No   ☐ Parcial

Artículo 10:
Toda persona tiene derecho, en condiciones de plena igualdad, a ser oída públicamente y con justicia por un tribunal independiente e imparcial, para la determinación de sus derechos y obligaciones o para el examen de cualquier acusación contra ella en materia penal.

☐ SI   ☐ No   ☐ Parcial

Artículo 11:
Toda persona acusada de delito tiene derecho a que se presuma su inocencia mientras no se pruebe su culpabilidad, conforme a la ley y en juicio público en el que se le hayan asegurado todas las garantías necesarias para su defensa.

Nadie será condenado por actos u omisiones que en el momento de cometerse, no fueron delictivos según el Derecho nacional o internacional. Tampoco se impondrá

151

pena más grave que la aplicable en el momento de la comisión del delito.

☐ SI   ☐ No   ☐ Parcial

Artículo 12:
Nadie será objeto de injerencias arbitrarias en su vida privada, su familia, su domicilio o su correspondencia, ni de ataques a su honra o a su reputación. Toda persona tiene derecho a la protección de la ley contra tales injerencias o ataques.

☐ SI   ☐ No   ☐ Parcial

Artículo 13:
Toda persona tiene derecho a circular libremente y a elegir su residencia en el territorio de un Estado.
Toda persona tiene derecho a salir de cualquier país, incluso del propio, y a regresar a su país.

☐ SI   ☐ No   ☐ Parcial

Artículo 14:
En caso de persecución, toda persona tiene derecho a buscar asilo, y a disfrutar de él, en cualquier país.
Este derecho no podrá ser invocado contra una acción judicial realmente originada por delitos comunes o por actos opuestos a los propósitos y principios de las Naciones Unidas.

☐ SI   ☐ No   ☐ Parcial

Artículo 15:
Toda persona tiene derecho a una nacionalidad.
A nadie se privará arbitrariamente de su nacionalidad ni del derecho a cambiar de nacionalidad.

☐ SI   ☐ No   ☐ Parcial

Artículo 16:
Los hombres y las mujeres, a partir de la edad núbil, tienen derecho, sin restricción alguna por motivos de raza, nacionalidad o religión, a casarse y fundar una familia, y disfrutarán de iguales derechos en cuanto al matrimonio, durante el matrimonio y en caso de disolución del matrimonio. Sólo mediante libre y pleno consentimiento de los futuros esposos podrá contraerse el matrimonio.
La familia es el elemento natural y fundamental de la sociedad y tiene derecho a la protección de la sociedad y del Estado.

☐ SI   ☐ No   ☐ Parcial

Artículo 17:
Toda persona tiene derecho a la propiedad, individual y colectivamente.
Nadie será privado arbitrariamente de su propiedad.

☐ SI   ☐ No   ☐ Parcial

Artículo 18:
Toda persona tiene derecho a la libertad de pensamiento, de conciencia y de religión; este derecho incluye la libertad de cambiar de religión o de creencia, así como la libertad de manifestar su religión o su creencia, individual y colectivamente, tanto en público como en privado, por la enseñanza, la práctica, el culto y la observancia.

153

☐ SI   ☐ No   ☐ Parcial

Artículo 19:
Todo individuo tiene derecho a la libertad de opinión y de expresión; este derecho incluye el de no ser molestado a causa de sus opiniones, el de investigar y recibir informaciones y opiniones, y el de difundirlas, sin limitación de fronteras, por cualquier medio de expresión.

☐ SI   ☐ No   ☐ Parcial

Artículo 20:
Toda persona tiene derecho a la libertad de reunión y de asociación pacíficas.
Nadie podrá ser obligado a pertenecer a una asociación.

☐ SI   ☐ No   ☐ Parcial

Artículo 21:
Toda persona tiene derecho a participar en el gobierno de su país, directamente o por medio de representantes libremente escogidos.
Toda persona tiene el derecho de acceso, en condiciones de igualdad, a las funciones públicas de su país.
La voluntad del pueblo es la base de la autoridad del poder público; esta voluntad se expresará mediante elecciones auténticas que habrán de celebrarse periódicamente, por sufragio universal e igual y por voto secreto u otro procedimiento equivalente que garantice la libertad del voto.

☐ SI   ☐ No   ☐ Parcial

Artículo 22:
Toda persona, como miembro de la sociedad, tiene derecho a la seguridad social, y a obtener, mediante el esfuerzo nacional y la cooperación internacional, habida cuenta de la organización y los recursos de cada Estado, la satisfacción de los derechos económicos, sociales y culturales, indispensables a su dignidad y al libre desarrollo de su personalidad.

☐ SI   ☐ No   ☐ Parcial

Artículo 23:
Toda persona tiene derecho al trabajo, a la libre elección de su trabajo, a condiciones equitativas y satisfactorias de trabajo y a la protección contra el desempleo.

Toda persona tiene derecho, sin discriminación alguna, a igual salario por trabajo igual.

Toda persona que trabaja tiene derecho a una remuneración equitativa y satisfactoria, que le asegure, así como a su familia, una existencia conforme a la dignidad humana y que será completada, en caso necesario, por cualesquiera otros medios de protección social.

Toda persona tiene derecho a fundar sindicatos y a sindicarse para la defensa de sus intereses.

☐ SI   ☐ No   ☐ Parcial

Artículo 24:
Toda persona tiene derecho al descanso, al disfrute del tiempo libre, a una limitación razonable de la duración del trabajo y a vacaciones periódicas pagadas.

☐ SI   ☐ No   ☐ Parcial

Artículo 25:
Toda persona tiene derecho a un nivel de vida adecuado que le asegure, así como a su familia, la salud y el bienestar, y en especial la alimentación, el vestido, la vivienda, la asistencia médica y los servicios sociales necesarios; tiene asimismo derecho a los seguros en caso de desempleo, enfermedad, invalidez, viudez, vejez u otros casos de pérdida de sus medios de subsistencia por circunstancias independientes de su voluntad.

La maternidad y la infancia tienen derecho a cuidados y asistencia especiales. Todos los niños, nacidos de matrimonio o fuera de matrimonio, tienen derecho a igual protección social.

☐ SI   ☐ No   ☐ Parcial

Artículo 26:
Toda persona tiene derecho a la educación. La educación debe ser gratuita, al menos en lo concerniente a la instrucción elemental y fundamental. La instrucción elemental será obligatoria. La instrucción técnica y profesional habrá de ser generalizada; el acceso a los estudios superiores será igual para todos, en función de los méritos respectivos.

La educación tendrá por objeto el pleno desarrollo de la personalidad humana y el fortalecimiento del respeto a los derechos humanos y a las libertades fundamentales; favorecerá la comprensión, la tolerancia y la amistad entre todas las naciones y todos los grupos étnicos o religiosos, y promoverá el desarrollo de las actividades de las Naciones Unidas para el mantenimiento de la paz.

Los padres tendrán derecho preferente a escoger el tipo de educación que habrá de darse a sus hijos.

☐ SI   ☐ No   ☐ Parcial

Artículo 27:

Toda persona tiene derecho a tomar parte libremente en la vida cultural de la comunidad, a gozar de las artes y a participar en el progreso científico y en los beneficios que de él resulten.

Toda persona tiene derecho a la protección de los intereses morales y materiales que le correspondan por razón de las producciones científicas, literarias o artísticas de que sea autora.

☐ SI   ☐ No   ☐ Parcial

Artículo 28:

Toda persona tiene derecho a que se establezca un orden social e internacional en el que los derechos y libertades proclamados en esta Declaración se hagan plenamente efectivos.

☐ SI   ☐ No   ☐ Parcial

Artículo 29:

Toda persona tiene deberes respecto a la comunidad, puesto que sólo en ella puede desarrollar libre y plenamente su personalidad.

En el ejercicio de sus derechos y en el disfrute de sus libertades, toda persona estará solamente sujeta a las limitaciones establecidas por la ley con el único fin de asegurar el reconocimiento y el respeto de los derechos y libertades de los demás, y de satisfacer las justas exigencias de la moral, del orden público y del bienestar general en una sociedad democrática.

Estos derechos y libertades no podrán, en ningún caso, ser ejercidos en oposición a los propósitos y principios de las Naciones Unidas.

☐ SI   ☐ No   ☐ Parcial

Artículo 30:

Nada en esta Declaración podrá interpretarse en el sentido de que confiere derecho alguno al Estado, a un grupo o a una persona, para emprender y desarrollar actividades o realizar actos tendientes a la supresión de cualquiera de los derechos y libertades proclamados en esta Declaración.

☐ SI   ☐ No   ☐ Parcial